HOMENS DE
HONRA

DRUMMOND
ROBINSON

A BÍBLIA SAGRADA
Antigo e Novo Testamento
Traduzida em Português
Por João Ferreira de Almeida
Edição Revista e Atualizada no Brasil

Capa de Paul Hendricks

ISBN No.978-0-9947086-49

3ª edição 2016

Índice

Dedicação

Para minha esposa, Lindah: por seu amor, amizade e apoio fiel ao longo dos anos e por todas as "montanhas" que você me ajudou a conquistar. Você é minha "pérola" e grande tesouro. Você me fez desejar viver como *Homem de Honra*.

Para o meu pai Robbie Robinson, um homem comprometido com a honra, a verdade e a integridade. Ele serviu sua família e comunidade com zelo e fidelidade todos os dias de sua vida.

Ao meu irmão Ron, que amava e servia os propósitos de Deus e de Sua igreja toda a sua vida. Ele era um verdadeiro homem de honra.

Para os meus filhos, Brett e Greg, minhas filhas-em-graça, Janine e Penny, e nossa filha Julie e filho-de-graça, Andrew: Vocês cumpriram todas as nossas esperanças e sonhos e nos encantaram com o vosso compromisso de honra. Obrigado por todo o vosso amor e apoio e por me ajudar a descobrir os princípios contidos neste livro.

Para nossos netos, Tianna, Angelee, Zac, Gabriel, Caylah, Nathan, Matthew, Benjamin e Rebeccah: Vocês são a nossa grande recompensa e honra. Que vocês sempre sejam portadores da "bandeira de honra".

A todos os homens de honra que vieram antes de nós e fizeram deste mundo um lugar melhor para se viver: seguimos humildemente os seus passos.

—Drummond Robinson

Prefácio

O dicionário define *honra* como "honestidade, justiça ou integridade". Posso testemunhar que essas qualidades têm sido a força motivadora na vida do meu pai desde que me lembro. Durante minha infância, meu pai demonstrou consistentemente o princípio da honra em cada área de sua vida, e esta foi talvez uma das lições mais importantes que aprendi com ele. Agora, como pai de quatro filhos, muitas vezes penso em como meu pai lidou com tantas situações com honestidade, justiça e integridade. Meu desejo é transmitir o mesmo princípio inestimável de honra aos meus próprios filhos.

—Greg Robinson

A honra não é conquistada em instituições educacionais, mas através das escolhas de vida que fazemos, da maneira como vivemos em particular e da forma como tratamos os outros — especialmente as nossas próprias famílias. É por esta razão que eu recomendo meu pai para você, como um homem que modelou a mensagem deste livro para a nossa família. Que toda a nossa família ama e serve plenamente ao Senhor é testemunho de sua liderança como marido e pai. O mundo, e os homens em particular, precisam ouvir esta mensagem para que possamos recuperar nossa honra, reconstruir nossas famílias e reconstruir nossas nações.

—Brett Robinson

Agradecimentos

À nossa equipa de Family Transformation Ministries pela vossa paixão e compromisso com o Senhor e este ministério.

Para a nossa família da Harvest Christian Church, especialmente o Pastor John Scholtz, pelo vosso apoio enquanto cumprimos o apelo de Deus às nossas vidas.

Introdução

Muitos livros foram escritos que contam histórias inspiradoras de homens e mulheres que se tornaram "heróis" por causa das coisas incríveis que fizeram. Estas são histórias sobre homens que subiram as montanhas mais altas, apesar do que parecia ser probabilidades intransponíveis; histórias de homens que lutaram corajosamente em guerras, muitas vezes sacrificando suas vidas por seus países; histórias de policiais, bombeiros e equipes de resgate que arriscaram e muitas vezes deram suas vidas para salvar outros em situações de risco de vida. As histórias dos homens que deram suas vidas durante o ataque de 11 de Setembro às Torres Gêmeas do World Trade Center nos Estados Unidos ainda estão vivas em nossas memórias. Estes são heróis que moldaram o curso da história e nos inspiraram a novas alturas. Temos uma enorme dívida de gratidão a estes homens.

No entanto, neste livro eu quero me concentrar em um elemento único nos homens que muda a vida daqueles ao seu redor — e até mesmo o curso da história. É algo que não é reservado para apenas alguns homens poderosos de valor, embora também exija coragem, perseverança, fidelidade e disposição para servir e até mesmo dar suas vidas, diariamente, para os outros.

Estou me referindo à comissão de mudança de vida de Deus para andar em "honra" para viver por um código de honra como um valor que consome tudo e aplicá-lo em cada relacionamento. Tal honra dá respeito, dignidade, valor e valor àqueles com quem lidamos diariamente. Homens que aceitam esta comissão tratam suas esposas e filhos com respeito e honra, de modo a levantá-los para ser tudo o que podem ser. Isto é feito na maior parte além da vista pública, quietamente e imdiscretamente, servindo e honrando outros em suas atitudes, palavras, ações, negócios, e muitas outras áreas da vida.

Honra é algo disponível para todos os homens, todos os dias. Pode não ser publicado nos jornais, mas poderia alterar o curso da história para indivíduos, famílias, comunidades e nações. Estes homens são, de fato, "heróis" que estão fazendo contribuições positivas para nossas vidas.

Eles encontraram honra, não apenas em suas realizações, riqueza, feitos ou atos corajosos, mas no fato de entrarem em posição de honra através de seu relacionamento e rendição a Deus através de Jesus Cristo. O que é essa *honra* e como podemos viver nela?

Exorto-vos a trabalhar com o conteúdo deste livro e completar os exercícios no final de cada capítulo, primeiro sozinhos, e depois com outros homens com quem se relacionam. Encorajo-vos a entrar nas "trincheiras" para redescobrir este elemento vital que poderia mudar a sua vida e a vida daqueles que têm a oportunidade de influenciar todos os dias.

—Drummond Robinson

Capítulo 1

Levantando a Bandeira

É incrível a rapidez com que os dias vêm e vão, com toda a rotina e responsabilidades que temos na vida. Então, de repente, um dia, algo acontece que impacta e muda você para sempre. É um "dia do destino". Este livro tem suas raízes em tal dia.

Recebi um telefonema de um homem que pediu para me ver sobre um problema que ele tinha em seu casamento. Ele era de uma cidade a poucas horas de carro de mim, então concordamos em nos encontrar na semana seguinte.

Ele chegou ao meu escritório e começou a me dizer, no que soava como um sotaque escocês, dos problemas que ele estava enfrentando em seu casamento, que estava tenso há alguns anos. Outra mulher tinha entrado em sua vida, e ele foi bastante superado por sentimentos de paixão por ela. Nada tinha acontecido realmente entre eles ainda, mas os seus pensamentos estavam focados constantemente nela, e estava certo que ela sentia o mesmo para com ele. Ele estava se sentindo animado com a vida novamente e começou a escrever poesia, uma paixão que tinha morrido nele nos últimos anos. Certamente, disse ele, não era esperado continuar com o seu existente casamento maçante quando este novo relacionamento realizava tal expectativa e promessa de uma nova vida.

Naquele momento, eu não sabia qual a sua profissão. Imagine o meu choque quando, depois de pedir algumas informações pessoais, descobri que ele era o pastor de uma igreja e a outra mulher era um líder-chave em sua congregação! A imagem que me veio à mente era de um avião bombardeiro voando durante a guerra, sua missão ir em direção a uma cidade, liberar a bomba e destruir totalmente a cidade. Uma bomba estava prestes a explodir no casamento, família e cidade deste homem, e poderia destruir centenas de vidas!

Eu ainda estava pensando sobre esta imagem devastadora quando ouvi-lo usar as palavras que ouvi demais homens à procura de uma saída. "Isso parece tão certo para mim. Sinto-me como se estivesse apaixonado de novo. Certamente Deus não espera que eu fique neste tipo de casamento."

Pedi-lhe para me contar sobre sua vida, onde ele cresceu, sua família, e assim por diante. Ele me contou de seus dias como um menino crescendo na Escócia. Aos dezoito anos, ele havia sido alistado em um regimento escocês. Aparentemente era uma antiga tradição escocesa que os jovens serviam em um regimento representando seu clã. Depois de compartilhar comigo os detalhes de seus treinos e o prestígio ligado a este regimento, ele me contou uma história que mudou minha vida.

Montanha Estratégica

Durante a Segunda Guerra Mundial, o regimento deste homem estava lutando ao lado das forças aliadas na Europa, e eles estavam debaixo de severo fogo de canhão dos alemães no topo de uma colina estratégica. Seu comandante havia recebido ordens para capturar a colina e destruir o poder do inimigo sobre as forças aliadas. O capitão reuniu os homens e disse ao regimento que lhes tinha sido dada esta ordem e que na manhã seguinte eles iriam avancar até a colina, capturar o acampamento de armamento, e plantar a bandeira de seu regimento no topo da montanha. Foi uma ordem de grande desafio e ainda grande honra para o seu regimento. Ele então disse a cada um deles para olhar para o homem à sua esquerda e direita. "Pelo menos um e talvez dois de vocês não retornaram da batalha", disse ele. Para a honra do regimento e seu clã, eles estavam prontos a dar suas vidas para que seus companheiros soldados retornassem.

No dia seguinte, os homens subiram aquela colina, o soldado da frente levando as balas para que o homem atrás pudesse avançar alguns metros adiante — que então levaria as balas para que o homem atrás dele pudesse se aproximar do topo. Naquele dia, os homens tomaram a colina, derrotaram o inimigo, e levantaram a bandeira do regimento.

Fiquei atordoado com essa história. "Por que alguém faria tal coisa como *voluntariamente* dando sua vida para o homem atrás dele?" Eu perguntei.

Sua resposta foi de mudança de vida: "Para a honra do regimento e da honra do clã!" Estes homens nunca sequer consideraram as suas próprias vidas. Eles tinham uma causa que era tão desgastante que eles estavam prontos para dar suas vidas por isso.

Dia da Vergonha

Alguns anos após a guerra, altos comandantes militares decidiram, devido aos custos e outras logísticas, que não era mais viável manter o regimento. Algo morreu nos homens naquele dia quando sua bandeira foi abaixada pela última vez. O símbolo que representou seu compromisso e dedicação à honra, a causa pela qual eles estavam preparados para dar suas vidas, foi finalmente colocado em uma caixa. Sua honra foi substituída por um profundo senso de futilidade e vergonha.

Olhei nos olhos deste homem e percebi que a dor ainda estava lá. Ele tinha levado ressentimento e julgamento em seu coração como resultado da perda de dignidade e honra que sentiu. Como um vírus, tinha contaminado sua vida e casamento. Essa dormência emocional e vergonha tinha transitado para seu casamento sem ele sequer perceber, e o casamento tinha lentamente escorregado para um estado desfalecido, embora tivessem permanecido casados por mais de trinta anos.

Agora, ele estava enfrentando outra grande batalha. Ele tinha que decidir se deixaria sua esposa e família para ceder aos desejos e tentação deste novo relacionamento, ou ficar no que ele sentia era um casamento sem vida. Voltaremos a esta história mais tarde.

Quando as pessoas vivem profunda vergonha em suas vidas através de experiências como rejeição, traição e abuso, isso pode se manifestar em uma quebra de identidade e falta de valor pessoal. Esta dor é então expressa através do ressentimento, raiva, crítica e julgamento de si mesmos e as pessoas ao seu redor, mesmo aqueles mais chegados ou pertos de si.

Quando o julgamento opera continuamente em um relacionamento, especialmente o casamento, mecanismos defensivos como raiva, retirada e julgamento recíproco ocorrem. Estes logo trazem um fim a qualquer confiança relacional e intimidade. O casamento torna-se "sem vida", e a porta é aberta para relacionamentos externos onde eles se sentem aceitos e apreciados.

O que as pessoas não percebem é que o problema pode ter começado muitos anos antes. Sem que a raiz do problema seja resolvido, o casamento inevitavelmente falhará.

Fiquei profundamente comovido com a história deste soldado e pensei muito sobre isso nos dias que se seguiram. Pensei especialmente em homens que voluntariamente sacrificaram suas vidas pela honra de sua família (clã) e regimento.

Em que tipo de mundo viveríamos, se os homens ainda tivessem o valor da honra tão alto? *O nível de integridade, responsabilidade e honra encontrado nos homens correlaciona-se diretamente com o estado do mundo em que vivemos hoje.* Nosso mundo está se recuperando da falta de liderança santa que os homens deveriam estar exibindo. Há muito poucos homens hoje que voluntariamente sacrificam qualquer coisa, muito menos suas vidas, por uma questão de honrar aqueles ao seu redor.

Violação da confiança

Quando o presidente de um país faz sexo nas câmaras de seu cargo público e não vê como isso pode afetar sua nomeação e confiança pública, acredito que temos um problema. Acredito que Deus ordenou certos "escritórios" de autoridade. Em outras palavras, a autoridade está no escritório. A pessoa eleita opera na autoridade atribuída a esse cargo. Quando ele deixa o cargo, ele não tem mais essa autoridade.

Se é o escritório do presidente ou qualquer outra posição de autoridade, as pessoas dependem e confiam nesse escritório para uma boa governança, integridade, segurança, fidelidade e padrões morais de Deus.

No contexto de Romanos 13:1, o cargo de autoridade instituído por Deus capacita a pessoa com uma graça e unção para cumprir seu mandato. O povo de uma nação reverencia e depende dos cargos do presidente e dos líderes políticos. No entanto, hoje vemos políticos que estão preparados para permitir que seu povo sofra violência, pobreza, fome e abuso, enquanto procuram manter o poder político. Em todo o mundo vemos milhões de pessoas sofrendo e até morrendo como resultado das façanhas egoístas dos líderes políticos. Também estamos expostos à corrupção através da ganância pessoal e engano dos líderes empresariais, pois violam a confiança financeira depositada neles.

Colapso familiar

O mesmo princípio se aplica às famílias. O "escritório" de um marido e mulher carrega autoridade e unção para a família, o que traz bênção e ordem de Deus. Como maridos e pais não estão operando em seu escritório ordenado por Deus de autoridade e unção, estamos experimentando um colapso no casamento e na família. Em muitos países, a taxa de divórcio é mais de 50 por cento para os primeiros casamentos e ainda maior para o segundo e terceiro casamentos.

As estatísticas revelam que um homem nos Estados Unidos terá uma média de quatorze parceiros sexuais durante sua vida. Parece que a fidelidade no casamento deixa de ter valor. Apenas 34 por cento de todas as crianças nascidas na América iram viver com os pais biológicos até os dezoito anos de idade.[1] Até à data de 2000, as famílias nucleares com os pais biológicos originais constituíram aproximadamente 24.1% de agregados familiares americanos.[2] Isto é; menos de 25 por cento incluem o pai, a mãe, e as crianças originais até à idade de dezoito em uma casa. Isso significa que aproximadamente 80 por cento de todas as famílias sofreram crise e ruptura de relacionamentos. Pela primeira vez na história da civilização, menos de 25 por cento das famílias podem ser consideradas saudáveis e seguras. No Reino Unido, o divórcio custa aos contribuintes mais de 5 bilhões de libras por ano, e a violência familiar custa mais dois bilhões e meio.

É evidente em todo o mundo que a unidade familiar nuclear está se desintegrando. É uma crise que ameaça literalmente a estabilidade e o bem-estar futuro das nossas próprias vidas e as vidas das gerações a seguir. Historicamente, quando a família começa a desvendar em uma determinada cultura, tudo, desde a eficácia do governo para o bem-estar geral do povo é negativamente impactado.[3]

Eu acredito que se os homens cumprirem seu mandato dado por Deus e honrarem suas esposas e filhos, podemos ver a taxa de divórcio cair de mais de 50 por cento para abaixo de 5 por cento. A produtividade no local de trabalho pode potencialmente mais do que dobrar! Imagine como isso afetaria a economia e nosso padrão de vida. Podemos quase erradicar a pobreza e eliminar a corrupção e muita desconfiança e estresse em nossas vidas.

Considere o seguinte:

- Uma pesquisa do Grupo Barna de 2003 revelou que os americanos acreditavam que as seguintes atividades eram moralmente aceitáveis: jogo (61%), coabitação (60%), sexo com alguém que não seja o cônjuge (42%), pornografia (38%)[4]
- Há um aumento desenfreado da criminalidade em nossas sociedades. O que é pior é que há uma incidência mais elevada do abuso em nossos repousos do que nas ruas! A casa não é mais um lugar seguro.
- Há um aumento de doenças sexualmente transmissíveis.
- Há uma quebra de disciplina e valores morais em nossas escolas.
- Em nosso trabalho nas prisões do Quênia, percebemos que a grande maioria das pessoas na prisão por crimes graves são homens. As prisões são povoadas principalmente por homens que não têm nenhuma relação significativa com o seu pai. A falta de desempenho pelos seus pais em representar o carinho de Deus é a razão pela qual os homens se envolveram no crime.

Os resultados de um estudo recente do Departamento de Assuntos Internos da África do Sul mostram que

67% das crianças de treze a dezessete anos admitiram ter assistido filmes pornográficos, e 45% delas disseram que o faziam regularmente.

Tsunami

Recentemente, ficamos chocados ao ver o impacto de um tsunami e como ele pode devastar uma nação. Enquanto assistia as pessoas traumatizadas na televisão, as palavras que eu ouvi repetidamente foram: "Por que não fomos avisados?"

O colapso da família e seu impacto em nossas vidas e na vida de nossos filhos e civilização futura é potencialmente catastrófico. O estudo de Barna revelou que a aceitação do comportamento imoral aumentou em mais de 50% das gerações mais velhas para as atuais. A onda está subindo. Sejamos avisados. Temos que fazer alguma coisa agora.

O mundo tornou-se um lugar muito egoista, onde as pessoas estão despostas a fazerem o que for para conseguir o que querem. Se outros se machucarem no processo, que assim seja. Conduzir nossas vidas de uma forma que honra os outros e contribui para a melhoria da vida daqueles que nos rodeam é muito raro nos dias de hoje.

Como devemos viver? Quais são as coisas fundamentais que devemos abraçar que poderiam trazer mudanças significativas no mundo? O que é um "homem de honra", e como ele opera no mundo de hoje? Enfrentamos desafios diários que muitas vezes são como montanhas em nossas vidas — o comprometimento dos valores morais, negócios dissimulados para aumentar os negócios, traição de confiança, ou tomar o caminho mais fácil.

A bandeira do regimento representa um padrão de integridade moral, fidelidade e compromisso intransigente para proteger a verdade, a justiça e a imparcialidade. Viajemos juntos para descobrir um modo de vida que poderia mudar o nosso mundo.

Levantando a bandeira

1. James C. Dobson, *Bringing Up Boys*. (Wheaton, Illinois: Tyndale House Publishers, Inc. 2001), p.54, p.133.
2. http://en.wikipedia.org/wiki/Nuclear family
   [15] Williams, Brian; Stacey C. Sawyer, Carl M. Wahlstrom (2005). *Marriages, Families & Intimate Relationships*. Boston, MA: Pearson. ISBN 0-205-36674-0.
3. James C. Dobson, *Bringing Up Boys*. (Wheaton, Illinois: Tyndale House Publishers, Inc. 2001), p.53.
4. Barna Group survey 2003 (https://www.barna.org/barna-update/5-barna-update/132-spiritual-progress-hard-to-find-in-2003#.UqAwQ5EYSgE)

Hora de levantar a bandeira

Reflexão pessoal

Nós lemos como os homens voluntariamente sacrificaram suas vidas por uma questão de honrar sua família (clã) e regimento.

1. Você já foi colocado em uma situação onde você teve que considerar seriamente dar a sua vida para os outros?

2. Você já considerou para quem estaria preparado para dar sua vida?

3. Que coisas sacrificam as pessoas por você que fazem a diferença em sua vida?

4. O que você poderia fazer para aqueles mais próximos a você que teria um enorme impacto em suas vidas?

Pontos para discussão em grupo

1. Discuta alguns exemplos de como os valores mundiais estão sendo corroídos porque os homens na liderança não estão defendendo a justiça, a verdade, a honra e os valores de Deus.

2. Como é que o seguinte impactou a sociedade em que vive?

- Infidelidade no casamento
- Famílias quebradas
- Doenças sexualmente transmissíveis através do comportamento sexual imoral
- Corrupção política
- Corrupção financeira
- Falta de moral nos líderes

3. Compartilhe como sua própria vida foi afetada pelo o que é mencionado acima.

4. Rezem um pelo outro.

Por favor, note que este não é para ser um momento de crítica ou julgamento dos outros. É um momento para discutir o impacto que essas coisas tiveram em sua própria família e comunidade.

Capítulo 2

Posicionado em Honra

Sucesso: Não é necessariamente uma medida de honra

O mito comum sobre o dinheiro é que a riqueza financeira nos tornará mais felizes, seguros e importantes. Não só podem fortunas ser perdidas em um curto espaço de tempo, mas com a busca constante de ganho financeiro pode vir estresse grave e trauma. A notícias tem relatado muitas vezes histórias de pessoas financeiramente bem sucedidas que eram miseráveis, temerosas e viciadas em álcool ou drogas, e que tinham uma enorme falta de amor em suas vidas. Eles estavam continuamente se esforçando para coisas maiores e melhores, mas não conseguiam encontrar felicidade, e embora tivessem acumulado muita riqueza, suas famílias eram muitas vezes dilaceradas.

Honra é mais evidente em um homem que procura alcançar significado em sua vida através da mudança de seu mundo e tornando-se um lugar melhor para viver. Aquele que busca primeiro estabelecer o reino de Deus — um lugar onde a justiça, integridade, amor, alegria e paz prevalecem — permite que as pessoas prosperem e tenham segurança em suas vidas. Quando estamos totalmente focados no sucesso, alcançando nossos objetivos de ter tanto dinheiro, poder, reconhecimento e prestígio quanto possível, tiramos mais do sistema do que estamos preparados para colocar de volta. A ganância e as tensões da vida resultam em honra não ser primordial em nossos negócios e relacionamentos. Quando a honra está ausente, todos nós sofremos do que resta: desconfiança, ganância, ciúme, corrupção e vergonha.

Coroado com Glória e Honra

A Bíblia nos diz em Gênesis 1 que o homem foi criado na "imagem de Deus" e foi dado domínio sobre toda a criação. Adão andou na bênção da intimidade com Deus como seu Pai. Portanto, nesse sentido, o homem foi posicionado em honra; isto é, foi-lhe dado o mais alto valor, importância, dignidade e significado aos olhos de Deus. Deus honrou Adão e Eva confiando-lhes seu poder e autoridade delegados sobre tudo o que Ele havia criado.

"... que é o homem, que dele te lembres? e o filho do homem que o visites? Fizeste-o, no entanto, por um pouco, menor do que Deus e de glória e de honra o coroaste." (Salmo 8:4-5 RSV, ênfase minha).

Fomos escolhidos por Deus, coroados com glória e honra, e domínio é nos dado sobre toda a criação de Deus. Esta proeminência na ordem da criação implica enorme valor intrínseco, não só da humanidade, mas de cada um de nós.

Viver com honra

Um homem que entende essa posição de honra procurará honrar os outros ao seu redor, mostrando respeito e apreço e constantemente comunicando estima, louvor, significado e valor para eles. Para dar honra, precisamos falar com as pessoas, especialmente as mais próximas a nós, de uma forma gentil e afirmante e tratar as pessoas com consideração, compaixão e respeito.

Isso afeta suas emoções, dignidade pessoal, identidade e caráter.

Honra, como o amor, não é apenas algo que fazemos; é quem Deus é! Quando damos honra aos outros, estamos transferindo a própria natureza, caráter e empoderamento de Deus sobre eles. Na verdade, sem honra não pode haver amor genuíno. Como podemos comunicar o amor se ele não se baseia no respeito sincero, apreciação, aceitação e a atribuição de dignidade e valor?

Honra é a "Atmosfera" do Céu

Em sua visão do céu no livro de Apocalipse, João viu e ouviu todas as criaturas vivas adorando Jesus, cantando: "Você é digno, ó Senhor, de receber glória e honra". É contínuo, nunca cessando, e cria uma *atmosfera de honra*.

> Quando esses seres viventes derem glória, honra e ações de graça ao se encontra sentado no trono, ao que vive pelos séculos dos séculos, os vinte e quatro anciãos prostara-se-ão diante Daquele que se encontra sentado no trono, adorarão ao que vive pelos séculos dos séculos, e depositarão as suas coroas diante do trono, proclamando: "Tu és digno, Senhor e Deus nosso, de receber a glória a honra e o poder; porque todas as coisas tu criaste, sim, por

causa da tua vontade vieram a existir e foram criadas." (Revelação 4:9-11 NKJV, ênfase minha)

Vi, e ouvi uma voz de muitos anjos ao redor do trono, dos seres viventes e dos anciãos; cujo número era de milhões de milhões e milhares de milhares, proclamando em grande voz: "Digno é o Cordeiro, que foi morto, de receber o poder, e riqueza, e sabedoria, e força e *honra e glória e louvor!*" Então ouvi que toda criatura no céu e sobre a terra, debaixo da terra e sobre , e tudo o que neles há, estava dizendo: Àquele que está sentado no trono, e ao Cordeiro, seja o louvor, e a honra, e a glória, e o domínio pelos séculos dos séculos!" (Revelação 5:11-13 NKJV, ênfase minha)

João descreveu como os anciãos lançaram suas coroas diante Dele. Coroas falam de nossos títulos, realizações, posições e autoridade. Os anciãos não se apegaram a essas coisas, mas voluntariamente as colocaram aos pés de Jesus. Quando louvamos e adoramos, damos glória e honra. Quando honramos, estamos louvando, abençoando, estabelecendo e construindo seu trono em nossas vidas.

Parte do Pai Nosso, que Jesus nos ensinou, diz: "Que seja feito a Tua vontade, na terra como está no céu" (Mateus 6:10 RSV). Eu realmente acredito que a vontade de Deus é que nós possamos criar esta atmosfera de honra em nossas casas e em todos os lugares onde estamos envolvidos diariamente. Vamos deixar de lado nossas "coroas" ou qualquer coisa que possa causar orgulho ou distanciamento em nossas vidas quando nos relacionamos com os outros. Criamos uma atmosfera de honra quando expressamos gratidão, apreço e louvor de forma sincera e humilde para aqueles com quem nos relacionamos.

Honra, para que você possa estar bem

"Honra a teu pai e tua mãe, para que se prolonguem os teus dias na terra que o Senhor teu Deus te dá" (Êxodo 20:12 NLT). Os Dez Mandamentos nos diz para honrar nossos pais e mães para que possa estar tudo bem conosco. Isso incluiria pais naturais e espirituais e outras figuras de autoridade em nossas vidas. Honrar nossos pais cria uma atmosfera de harmonia e unidade que o próprio Deus abençoa.

A honra reconhece e valoriza o mandato dado por Deus a nossos pais em nossas vidas. Honrá-los significa não olhar para os fracassos ou deficiências do passado e aproveitar a bênção de Deus que é liberta quando obedecemos ao comando de Deus para honrar nossos pais. Este princípio substitui o natural e abre as portas para a intervenção divina.

A escolha de abençoar ou amaldiçoar

Recentemente assisti a uma entrevista na televisão com um treinador cuje a equipe desportiva tinha acabado de ganhar sua partida. O treinador ficou encantado com a vitória, mas também reconheceu que havia fraquezas que tinham de ser corrigidas. Suas palavras de despedida foram que ele não ia dizer-lhes quão bem eles tinham feito, mas iria se concentrar nessas fraquezas na próxima semana antes de seu próximo jogo.

Este é um bom exemplo do nosso medo de elogiar ou honrar as pessoas. Talvez sintamos que eles se tornarão orgulhosos ou arrogantes. O treinador poderia ter pensado que sua equipe iria relaxar e não trabalhar o suficiente em corrigir seus erros. Esta é uma suposição tão falsa e, infelizmente, rouba-nos, e as pessoas que devemos honrar, de uma bênção capacitante.

Uma vez eu estava aconselhando uma senhora cuja vida tinha sido uma bagunça. À medida que rastreávamos sua vida, tentando estabelecer onde seus problemas haviam começado, ficou claro que um dos principais fatores iniciais era um sentimento de rejeição de seus pais. Como uma terceira criança indesejada, ela havia sido rejeitada, mesmo quando ela ainda estava no útero. Sua vida em casa era muito instável, com um pai alcoólatra que abusou de sua mãe. Não havia amor em casa, apenas raiva e violência com silêncios pesados no meio. Ela nunca se sentiu aceita, e seus pais nunca se envolveram com ela emocionalmente.

Ela se tornou rebelde, e no início da adolescência, começou a usar drogas e repetidamente estava ausente da escola. Tornou-se sexualmente ativa aos quatorze anos, desesperada para encontrar afeto. Ela tinha inicialmente se destacado na escola e no desporto, tentando ganhar aceitação. Quando chegou a casa com um boletim que refletia três As, dois Bs e um C, seus pais se concentraram no C, o que não era suficientemente bom para eles. Foi-lhe dito que ela devia-se esforçar mais para futuramente ter sucesso na vida. Ela nunca ouviu as palavras: "Bem feito. Estamos muito orgulhosos de ti." Não houve honra ou aceitação para ela. Ela sentiu que nunca poderia estar "suficientemente bem" para alcancar as suas expectativas.

Então começou a buscar aceitação ao longo das rodovias e caminhos da vida, o que, embora prometendo prazer a curto prazo e alívio da dor que sentia, levou-a a uma vida de prostituição e destruição.

Não abencoando aqueles que somos chamados a amar pode realmente resultar em uma maldição para eles. Quando desengatamos emocionalmente e não comunicamos aceitação, encorajamento e valor para aqueles que devemos amar, eles se sentem rejeitados, não aceitos ou desonrados, e isso é uma maldição.

A história desta senhora tem um final maravilhoso, na medida em que ela foi acolhida por uma organização cristã e, eventualmente, conheceu um verdadeiro "homem de honra". Ele refletiu o coração de Jesus para ela, amando-a incondicionalmente, restaurando seu valor e dignidade. Hoje eles são casados e têm duas filhas adoráveis.

O encorajamento genuíno e sincero e a honra devem ser o nosso prazer e uma atitude responsável em relação aos outros. Transmissão de aceitação e valor encorajam os outros e pode literalmente transformar a vida das pessoas que nos rodeiam.

Honrar o proximo pode mudar a atmosfera em sua união, repouso, escritório, igreja, equipe de desporto, e mesmo a sua nação. Não permita que seus títulos, posições de importância ou orgulho atrapalhem uma atitude humilde e de dar louvor e honra àqueles ao seu redor, a quem você pode enaltecer e incentivar.

Glória e Honra trocadas pela Vergonha

Em Gênesis 1, lemos que, como resultado da ganância, o homem desobedeceu e se rebelou contra Deus e caiu no pecado. Isso resultou em Adão e Eva perdendo sua glória e honra e recebendo um "espírito de vergonha". Em Gênesis 3, lemos que eles se esconderam de Deus, pois se sentiam nus e envergonhados. A vergonha fez com que eles se sentissem vulneráveis, expostos e culpados, o que então deu oportunidade para outros vícios malignos assumirem o controle. Eles se sentiram temerosos e começaram a culpar uns aos outros diante de Deus, tentando escapar de sua própria culpa. O resultado foi rejeição, divisão, raiva e, finalmente, morte — espiritual, emocional, relacional e física.

Siga a seqüência de "Queda do Homem de Honra" na seção que se segue.

Quando Adão e Eva perderam sua posição de honra e não estavam mais vestidos de glória e honra, eles estavam vestidos de vergonha.

Vergonha significa ter sentimentos de rejeição ou falta de valor, um profundo senso de indignidade e desvalorisação de identidade, ou seja, sentimentos negativos sobre quem você é e seu propósito na vida. A vergonha é a raiz do medo, da rejeição, da divisão, da raiva e de muitas outras áreas de dor e destruição em nossas vidas.

Na vida, a vergonha é facilmente agravada através de sentimentos negativos sobre sua família, casa, cultura, cor da pele, status financeiro e atributos físicos. Muitas vezes, não estamos conscientes da vergonha profundamente enraizada em nossas vidas, mas pode surgir através da irritabilidade, raiva, rejeição, ansiedade, medo, depressão, confusão, crítica constante dos outros, desvalorisando-se a si mesmo, e uma ausência geral de amor e carinho. A vergonha pode levar-nos a procurar prazeres a curto prazo, como álcool, comida, pornografia e outros vícios para aliviar a nossa dor.

Queda do homem para a deshonra

O homem foi criado à imagem de Deus
e vestido de glória e honra.

O homem desobedeceu a Deus movido
pelo egoísmo e pela ganância e recebeu
um espírito de vergonha

Vergonha deu oportunidade a uma
"reação em cadeia" de outros vícios do
mal, em primeiro lugar ...

Eles começaram a julgar uns aos outros...

Isso causa rejeição...

O resultado do julgamento e da
rejeição é...

Isso resulta em...

Reações do homem: raiva, violência,
amargura, ressentimento, depressão

ESPIRITUAL – Separado de Deus

EMOCIONAL – Sentimentos de inutilidade, rejeição

RELACIONAL – Julgamento provoca separação,
divisão

FÍSICA – Raiva, ódio, assassinato, morte

Honra e vergonha são enormes forças opostas que terão um
grande impacto sobre a forma como vivemos nossas vidas e,

especialmente, como nos relacionamos com os outros. Honra resulta em unidade, harmonia, paz, amor, alegria e bênção para todos, enquanto a vergonha em nossas vidas e relacionamentos resulta em discórdia, frustração, raiva, dor, dor, solidão e divisão.

Reavalie sua posição

Quando o homem lhe deu uma posição de honra como resultado de suas realizações e sucesso, lembre-se que o homem também pode tirá-lo. Fama e fortuna podem ir e vir. No entanto, quando chegamos a uma revelação de nossa posição de honra em Deus através de Jesus Cristo, nossas vidas são mudadas para sempre. Podemos então começar a viver de tal forma a criar uma atmosfera de honra todos os dias em nossas casas, escritórios e relacionamentos diários. Nossa escolha de abençoar ou amaldiçoar, honrar ou envergonhar, não deve depender da maneira como outras pessoas lidam conosco, mas de nossa posição de honra e da graça poderosa de Deus que nos equipa.

Hora de levantar a bandeira

Reflexão pessoal

1. Liste algumas palavras que definem *honra*.

2. Liste algumas palavras que definem *vergonha*.

3. Você já teve um dia ou mesmo uma temporada de vergonha?

4. Considere se alguns dos seguintes se aplicam a você:
   - Rejeição por amigos na escola ou humilhação contínua por um professor
   - Falta de amor ou mesmo abuso de um pai ou outro membro da família
   - Atributos físicos que fizeram com que você se sentisse inseguro
   - Divórcio em sua família ou perda de um pai
   - Circunstâncias empobrecidas
   - Fracasso em algo importante para você
   - Palavras humilhantes que feriram sua identidade

5. Você foi posicionado em honra, em Deus, através da aceitação de Jesus Cristo como Seu Senhor e Salvador?

6. Arrependa-se por envergonhar e desonrar os outros, especialmente a sua família.

7. Como pode você começar a criar uma atmosfera de

honra em sua família?

Oração

Pai, por favor, perdoe-me por me rebelar contra você. Quero entregar minha vida a Jesus Cristo e ser restaurado à intimidade e à vida com Você. Perdoe-me por envergonhar e machucar os outros. Por favor, ajude-me a criar uma atmosfera de honra onde quer que eu vá, para Honrá-lo, amém.

Pontos para discussão em grupo

1. Discutir a diferença entre estes dois termos:
    a. *Sucesso*: objetivos de posição, poder, ganho financeiro, carros, etc.
    b. *Significado*: um foco em mudar o mundo para ser um lugar melhor, estabelecer o reino de Deus, e usando o nosso dom para a glória de Deus

2. Como a honra é trocada frequentemente pela vergonha nas transações da vida?

3. Conversem como possam criar uma atmosfera de honra em sua casa, escritório, etc.

4. Ore um pelo outro em relação a casos específicos de vergonha na vida de cada pessoa.

Capítulo 3

Jesus, Homem de Honra

Após a queda do homem e expulsão do jardim, foi a natureza pecaminosa do homem que deu oportunidade ao Diabo e trouxe destruição ao mundo. Guerras, conflitos, pobreza, ganância, divórcio, separação, desconfiança, traição, e assim por diante, tornaram-se o modo de vida. O homem estava vestido de vergonha, tendo perdido a glória e a honra que tinha tido na presença de Deus.

Então Deus enviou Seu Filho, Jesus Cristo, para reconciliar o homem de volta a si mesmo, dando sua vida na cruz para pagar o preço e a penalidade do pecado. Uma nova aliança foi estabelecida através do sangue derramado de Jesus, pelo qual o homem poderia mais uma vez entrar em união com um Pai amoroso e habitar em Sua presença. Ele poderia agora ser posicionado na bênção que Deus havia conferido ao homem desde o início da criação. Gênesis 1:28 (RSV) diz: "E Deus os abençoou e lhes disse: 'Sede fecundos, multiplicai-vos, enchei a terra e sujeitai-a; dominai sobre os peixes do mar, sobre as aves do céus, e sobre todo animal que rasteja pela terra.'"

Deus se recomprometeu com Abraão em Gênesis 12:2-3 (RSV): "De ti farei uma grande nação, e te abençoarei, e te engrandecerei o nome. Sê tu uma bênção: abençoarei os que te abençoarem, e amaldiçoarei os que te amaldiçoarem; em ti serão benditas todas as famílias da terra." Gênesis 22:17-18 (RSV) diz: "Que deveras te abençoarei e certamente multiplicarei a tua descendência como as estrelas do céus e como a areia na praia do mar; a tua descendência possuirá a cidade dos seus inimigos, nela serão benditas todas as nações da terra: porqunato obedeceste à minha voz."

Foi estabelecido uma alianca de bênção com Abraão, que é também a nossa herança através de Jesus Cristo. "E se sois de Cristo, também sois descendentes de Abraão, e herdeiros segundo a promessa" (Gálatas 3:29 RSV).

O poder do pecado e a maldição foram quebrados, mas aqui está algo que muitos têm negligenciado: o poder e o "manto da vergonha" foram removidos para que pela graça, através da fé, pudéssemos mais uma vez ser estabelecidos em honra do Pai.

"Eu lhes tenho transmitido a glória que me tens dado, para que sejam um, como Nós somos; Eu neles e Tu em Mim, a fim de sejam aperfeiçoados na unidade, para que o mundo conheça que tu me enviaste e os amaste como também amaste a Mim" (João 17:22-23 AB).

Jesus nos deu Sua glória e honra na cruz:

- Nós os recebemos quando entregamos nossas vidas a Ele.
- Somos então posicionados como filhos de Deus, com valor, aceitação e dignidade.
- Vivemos e crescemos em Sua honra e glória, ao mesmo tempo em que os damos aos outros, mostrando honra e respeito através de nossas atitudes, palavras e ações.

- Notamos nas Escrituras acima que Jesus disse que Ele nos deu a glória e a honra, que podemos nos tornar um com Ele e um com o outro. Sem honra, não podemos nos tornar um.

- Estamos vestidos de glória e honra e, portanto, somos capazes de viver na luz em vulnerabilidade e abertura, em vez de nos escondermos.

- Então nos debruçamos em unidade uns com os outros e experimentamos a bênção de Deus. Onde os irmãos se debruçam juntos em unidade, Deus comanda uma bênção (Salmo 133).

- Podemos apropriar-nos das bênçãos da aliança de Abraão através de Jesus Cristo e esperar que as bênçãos de Deus nos avenham e nos ultrapassem (Deuteronômio 28:1-2).

Quando o Diabo nos dá vergonha:

- Nós o recebemos escolhendo viver no pecado e na rebelião contra Deus. Isso resulta em uma perda de filiação paternal com o nosso Pai celestial. Em seguida, vivemos com um espírito órfão, carregando um profundo sentimento de vergonha, indignidade, falta de valor e rejeição.

- Envergonhamos os entes queridos por meio de críticas, rejeição, abuso emocional e físico e falta de reconhecimento ou bênção. Isso cria um vazio dentro deles que resulta em dor, retirada e um espírito de divisão.

"Jesus, porém, conhecendo-lhes os pensamentos, disse: Todo reino dividido contra si mesmo ficará deserto, e cidade, ou casa, dividida contra si mesma não subsistirá" (Mateus 12:25 RSV). A vergonha faz com que sejamos "desperdiçados", a experimentar a falta de bênção e nos sentimos saqueados e estéreis em nossas finanças, relacionamentos e emoções. É por isso que tantas pessoas recorrem ao álcool, drogas, comida, sexo, e similares, para o conforto.

Jesus veio tomar a vergonha que tínhamos herdado através do pecado, incluindo rejeição, falta de valor, identidade amaldiçoada, medo, raiva e todos os outros frutos da vergonha. Ele foi desprezado, rejeitado, suportou nossa dor e tristezas. Ele suportou a cruz, desprezou a vergonha e está sentado à mão direita do trono de Deus (Hebreus 12:2 RSV). Esta é a promessa de Deus para aqueles que são restaurados a Ele: em vez de vergonha, teremos uma porção dupla, e em vez de desonra, vamos nos alegrar em nosso lote (Isaías 61:7).

A Mão Direita de Deus

A Bíblia dá importância significativa à "mão direita de Deus". "Exaltado, pois, à destra de Deus, tendo recebido do Pai a promessa do Espírito Santo, derramou isto que vedes e ouvis. Porque Davi não subiu ao céus, mas ele mesmo declara: 'Disse o SENHOR disse ao meu Senhor: Assenta-te à minha direita, até que eu ponha os teus inimigos por estardo dos teus pés (Atos 2:33-35 NLT, ênfase meu).

Jesus está posicionado à mão direita de Deus em um "lugar de honra", um lugar de "bênção e vitória".

Em Efésios 2:6, lemos que fomos criados com Jesus e

obrigados a sentar-mos com Ele em lugares celestiais, que Deus nos pode mostrar as riquezas imensuráveis de Sua graça em bondade para conosco.

Portanto, como Jesus foi sentado à mão direita de Deus em um lugar de honra, também recebemos agora um lugar de honra à mão direita de Deus, em Cristo.

A batalha nos céus e a guerra na terra é travada diáriamente estabelecendo se seremos vestidos de honra ou de vergonha. Jesus estabeleceu nossa vitória, tendo triunfado sobre o pecado e a vergonha e aberto o caminho para que sejamos posicionados com Ele à mão direita de Deus.

No entanto, devemos escolher diariamente como viveremos em nossos pensamentos, palavras e ações. Não é só uma questão de ir para o céu quando morremos. É uma questão de hoje escolher se vamos viver em um espírito de honra ou vergonha, se vamos criar e viver num ambiente de honra para nós mesmos e aqueles que nos rodeam. Em certo sentido, é hoje a escolha de viver no céu ou no inferno.

Vamos revisitar a nossa história do regimento escocês.

Eu percebi que o problema não estava no casamento deste homem, mas no fato de ele ainda estar vivendo na vergonha, ressentimento e julgamento do que tinha acontecido quando seu regimento tinha sido descomissionado. Senti que Deus estava chamando este homem para se alistar no exército de Deus para que sua honra pudesse ser restaurada e ele mais uma vez tivesse uma causa por qual viver e morrer. Em certo sentido, sua batalha atual foi semelhante à batalha de seu regimento para tomar o acampamento de armas. Naquela época, eles estavam dispostos a sacrificar suas vidas para manter a honra de sua família e clã. Agora, a honra de sua família estava em jogo, e ele teve que fazer uma escolha.

Vi a convicção do Espírito Santo vir sobre dele, e uma nova força e esperança se levantou dentro dele. Nós dois ficamos em atenção enquanto ele colocava a mão em seu coração e orava uma oração de re-alistamento e fidelidade ao exército de Deus. Lágrimas escorriam pelo nosso rosto quando percebemos que mais uma vez o Inimigo havia sido derrotado, e ele foi para casa conquistar aquela montanha, içar a "bandeira de honra" na vitória e restaurar seu casamento e família.

Como o derradeiro homem de honra, Jesus ergueu uma bandeira de honra no topo de uma montanha. A bandeira dele era uma cruz. Ele deu a sua vida para que um símbolo de vitória, esperança e honra pudesse ficar para sempre. O poder do pecado e da vergonha foi quebrado naquela montanha, e fomos libertos para viver na honra que ele prometeu: uma aliança de amor, paz, alegria e bênção para sempre.

"Em verdade, em verdade vos digo: Se o grão de trigo, caindo na terra não morrer, fica ele só; mas se morrer, produz muito fruto. Quem ama sua vida, perde-a; mas aquele que odeia sua vida neste mundo, preservá-la-á para a vida eterna" (João 12:24 RSV).

A vida não é sobre o nosso sucesso, realizações, prestígio, poder ou prazeres. Trata-se de viver para dar honra, ao passo que damos sacrificialmente as nossas vidas um pelo outro. Trata-se de se tornar como o grão de trigo que morre para que ele possa dar muito fruto para o reino de Deus. *Viver para honrar liberará a bênção no seu casamento, família, igreja, negócio, e eventualmente, sua nação.*

Hora de levantar a bandeira

Reflexão pessoal

Leia João 17:22-23.

1. Medite sobre o dom de honra que Jesus lhe deu
    através de Sua morte na cruz.

2. Como é que o seu valor e importância mudaram em
    resposta a este sacrifício e dom de honra?

3. Está escrito em João 15:13: "Nenhum tem maior amor
    do que este: de dar alguém a própria vida em favor
    dos seus amigos."

O que motivou Jesus a dar a Sua vida para restaurar nossa
honra?

4. Jesus morreu para remover o nosso "manto de
    vergonha". Você realmente entregou o seu manto
    para ele?

Oração

Pai, agradeço-lhe a glória e a honra que recebi através do
Vosso Filho Jesus. Eu liberto a vergonha que tem estado na
minha vida. Perdoe-me por permitir que um espírito divisivo
quebre minha casa e relacionamentos. Eu escolho viver de

uma forma que dá honra e bênção para aqueles ao meu redor, amém.

Pontos para discussão em grupo

1. Qual é o resultado da honra? (João 17:23).

2. Qual é o resultado da conviver em unidade? (Salmo 133:3).

3. Qual as conseqüências da vergonha (Mateus 12:25-29).

4. Como é que a vergonha impactou sua própria vida, família, negócios, igreja, e assim por diante?

5. Ore pela restauração e cura um do o outro.

6. Converse sobre a conexão entre o grão de trigo caindo na terra e morrendo, a cruz que Jesus plantou em Sua montanha, e levando sua própria "montanha" (João 12:24).

7. Converse sobre o significado de estar posicionado na "mão direita de Deus" e seu impacto em sua própria vida.

Capítulo 4

Tornar-se um Homem de Honra

Aproximando-se os dias da morte de Davi, deu ele ordens a Salomão, seu filho, dizendo: "Eu vou pelo caminho de todos mortais. *Coragem, pois, e sê homem!* Guarda os preceitos do Senhor teu Deus, para andares nos seus caminhos, para guardares os seus estatutos, e os seus mandamentos, e os seus juízos, e os seus testemunhos, como está escrito na Lei de Moisés, para que prosperes em tudo quanto fizeres, e por onde quer que fores ..." (1 Kings 2:1-3 NLT, ênfase meu).

Davi sabia que ia morrer em breve, então ele chamou seu filho de Salomão e deu-lhe esta ordem incrível: "Tome coragem e seja um homem." Este é um desafio incrível para todos nós. Davi, em seguida, seguiu-se com conselhos imperativos sobre como fazer isso:

- *Caminhe nos caminhos de Deus.* Desista de desejos egoístas e paixões da carne e entregue seu coração para seguir depois de Deus.
- *Mantenha os estatutos, mandamentos, juízos e testemunhos escritos na Lei de Moisés.* Não tente fazer suas próprias coisas. Deixe a Palavra de Deus ser sua linha de prumo. Isso irá guiá-lo e ajudá-lo a fazer escolhas certas, para tratar as pessoas de forma justa, para gerir a sua casa, e para cumprir suas responsabilidades honrosamente.

O resultado é o seguinte: "Você será bem sucedido em tudo o que você fizer aonde quer que vá."

A advertencia de Davi desafiou seu próprio filho e cada homem a manter uma moral elevada na vida. Vivemos em um mundo em que vale tudo: se se sentir bem, fazê-lo. Este é o novo valor pelo que as pessoas vivem. Na verdade, é seu direito constitucional ser capaz de fazer o que quiser. Parece haver mais leis protegendo ladrões do que as partes inocentes que buscam justiça e proteção. Nossas consciências foram cauterisadas.

Oração para renovação de consciência

O seguinte é um extrato de uma oração lida em voz alta pelo pastor Joe Wright na abertura da nova sessão do Senado do Kansas:

> Pai Celestial, entramos em tua presença hoje para pedir perdão e buscar Tua direção e orientação. Sabemos que Tua palavra diz: "Ai daqueles que chamam ao mal o bem", mas isso é exatamente o que temos feito.
>
> Perdemos nosso equilíbrio espiritual e revertemos nossos valores. Nós exploramos os pobres e chamamos-lhe a loteria.
>
> Nós recompensamos a preguiça chamando-a de assistência social.
>
> Matamos nossos filhos por nascer e chamamos-lhe de escolha. Nós injuriamos abortistas e achamos-lhe justificável.
>
> Negligenciamos disciplinar nossos filhos e

chamamos-lhe de desenvolvimento de auto-estima.

Abusamos do poder e chamamos-lhe política.

Cobiçamos as posses do nosso vizinho e chamamos-lhe ambição.

Poluímos o ar com palavrões e pornografia e o chamamos-lhe de iluminação.

Procure-nos, ó Deus, e conheça hoje nossos corações; limpa-nos de cada pecado e liberta-nos. Amém![1]

Ao longo dos anos, nossos valores morais foram corroídos a ponto de as pessoas não terem mais certeza do que é certo ou errado. Verdades bíblicas e valores morais sempre estiveram disponíveis para nos proteger da anarquia e destruição, mas foram praticamente abandonados. A oração foi banida de nossas escolas, e nos perguntamos por que temos violência desenfreada, promiscuidade e rebelião. A quebra dos valores morais, a ascensão da perversão sexual e a destruição dos valores familiares acabaram por destruir o Império Romano, que já foi a civilização e exército mais poderosos da Terra. O que será de nós se continuarmos em nossa apatia e complacência?

Basta chegamos ao limite

Chega um momento em que temos que traçar uma linha na areia e dizer: "Até aqui e não mais adiante."

Foi preciso muita coragem para o Pastor Wright fazer esta oração perante o Senado, mas chegou a hora de os homens de coragem e honra se levantarem contra o compromisso e o mal.

Quando o regimento escocês tomou a colina durante a Segunda Guerra Mundial e levantou sua bandeira, eles estavam estabelecendo um elevado padrão moral. A tirania da opressão instituída por Hitler estava sendo empurrada para trás, e a "bandeira do justo e da justiça" foi hasteada. Quando meu amigo escolheu voltar para casa e dizer não a um potencial relacionamento extraconjugal e levantar a bandeira de honra em sua montanha, ele estava estabelecendo um elevado padrão moral. Quando Jesus passou por tentação no deserto, descrita em Mateus 4, Ele disse não à autopreservação, compromisso e poder auto-exaltante com o qual o Diabo o tentou. Quando Pedro, em sua inocência, tentou persuadir Jesus de arriscar sua vida indo para Jerusalém, Jesus disse: "Arreda! Satanás..." (Mateus 16:21-23). Jesus não poderia ser movido de Sua missão de tomar a elevada posição moral. Ele voluntariamente deu sua vida para triunfar sobre o pecado e cada vício mal deste mundo.

Na verdade, Mateus 16:24-27 (NKJV) diz:

> Então disse Jesus a Seus discípulos: "Se alguém quer vir após mim, a si mesmo se negue, tome a sua cruz e siga-me. Porqunato quem quiser salvar a sua vida, perdê-la-á; e quem perder a vida por minha causa, acha-la-á. Pois que aproveitará o homem se ganhar o mundo inteiro e perder a sua alma? Ou que dará o homem em troca de sua alma? Porque o Filho do Homem há de vir na glória de Seu Pai, com os Seus anjos, e então retribuirá a cada um comforme as suas obras."

A hora que poderia mudar o mundo

Há muitos anos, quando envolvido no negócio, um amigo próximo sugeriu que vossemos numa visita exploratória a Taiwan e a Hong Kong para ver se era possível encontrar alguns produtos originais para importar para a África do Sul. Chegamos e marcamos uma consulta com a câmara de comércio em Taiwan. Eles arranjaram com que um número de empresas apresentasem seus produtos para nós, e as coisas ficaram um pouco fora de controle. Eu penso que entenderam que éramos compradores principais, quando de facto éramos compradores inferiores procurando conhecer o mercado. Uma grande fábrica, em seguida, convidou-nos para jantar em um dos melhores restaurantes. Surpreendidos com toda a atenção que estávamos recebendo, começamos a nos sentir muito importantes e especiais.

Fomos escoltados para a nossa mesa e estávamos sentados de tal forma que havia um espaço entre cada homem. Isto nos pareceu estranho, mas presumimos que era o costume em Taiwan. De repente, apareceram algumas meninas, e ficaram sentadas nas cadeiras entre nós. Nosso anfitrião sorriu e disse em seu sotaque chinês, "Sr. Robinson, isso é para você, para a noite."

Envergonhado, meu amigo e eu olhamos um para o outro e tentamos fingir que isso era normal para nós, embora nossos corações estivessem batendo fora de nossos peitos! Fomos servidos o jantar sumptuoso — que custou mais do que o salário mensal de cada um de nós — ao começarmos a conversar com nossas senhoras. Eles eram bem educados e pareciam ser uma companhia agradável. Logo a banda começou a tocar, e fomos convidados para a pista de dança. Eu me senti tão constrangido quanto o ferro! Eu estava tenso com apreensão e culpa ao pensar de Lindah, minha esposa, na África do Sul.

Em certo sentido, não queríamos ofender nossos anfitriões, que tinham estendedo o tapete vermelho e não pouparam nenhuma despesa para nós, mesmo assim não podíamos relaxar. As meninas queriam saber por que estávamos tão tensos, e nós explicamos que éramos casados. Eles riram e disseram: "Vamos lá! Vamos voltar para o seu hotel. Talvez você vai relaxar melhor lá!" Mais uma vez tentamos explicar que éramos casados, e sua resposta foi rir e dizer: "Não há problema. Eles se afastam. Vamos dançar um pouco mais, e depois vamos para o seu hotel!"

Meu amigo e eu olhamos um para o outro, e com sangue subindo às nossas cabeças, começamos a nos perguntar se talvez não fosse um problema. Éramos jovens cristãos, longe de casa, e no momento, *tudo parecia tão bem.*

A convicção e proteção do Espírito de Deus, finalmente chegou aos nossos sentidos, enquanto ponderávamos o custo e as conseqüências de suas ofertas de prazeres de curto prazo. Muitas vezes pensei naquela "hora de tentação" e me perguntei como nossas vidas teriam mudado se tivéssemos sucumbido aos sentimentos que surgiram dentro de nós. Teria meu casamento sobrevivido? Estaria eu no ministério fazendo o que estou fazendo hoje? O que teria acontecido com meus filhos? Estaria eu caminhando com o Senhor?

Todo homem enfrenta essa "hora" em sua vida: um momento em que ele tem que escolher negar a si mesmo, para negar as luxúrias de sua carne e os prazeres sedutores deste mundo. Alguns homens enfrentarão tentação muitas vezes em suas vidas, especialmente aqueles que muitas vezes estão longe de casa em viagens.

O mesmo desafio se aplica aos homens solteiros. Sua futura esposa está lá fora em algum lugar. Você pode até não conhecê-la ainda, mas ela está contando com você para se manter puro para ela. Tenho certeza que você está esperando que ela faça o mesmo e permaneca pura para você. Força e coragem em um homem é encontrada em seu compromisso com a pureza e honra quando enfrenta a tentação de desejos de curto prazo.

Contando o custo

Para tomar e manter a moral elevada, devemos estar preparados para fazer sacrifícios que envolvem a negação de si mesmo. Se os homens de honra pudessem se levantar, conquistar aquela montanha e permanecer fiéis às suas esposas em sua hora de tentação, este mundo poderia ser mudado. É tão simples quanto isso! É escolher levantar essa "bandeira de honra" no topo da montanha que você está enfrentando, conquistando o Inimigo e inaugurando a glória de Deus.

Homens de honra inauguram a glória de Deus para que todos possam ser abençoados. Quando a montanha do meu amigo escocês foi conquistada, as forças aliadas foram salvas do ataque do inimigo. Vidas foram salvas e a paz poderia retornar à área. Cada vez que triunfamos e mantemos um elevado padrão moral, estabelecemos forças poderosas em movimento para trazer paz, prosperidade e bênção para aqueles que nos rodeam.

Compromisso Causa Confusão

Os valores são muitas vezes comprometidos, pois somos bombardeados com opiniões da mídia, filmes, amigos e até mesmo do governo.

Por exemplo, o que foi proibido como sendo pornográfico em livros e filmes há dez anos é agora chamado de "liberdade de expressão" e pode ser visto por todos. Restrições de idade para filmes foram alteradas de "não para menos de vinte e um" para "não para menos de dez anos". O aborto já foi ilegal, mas agora podemos acabar com a vida humana durante as primeiras vinte e quatro semanas de gravidez. E todo mundo, ao que parece, está a ser infiel nos dias de hoje.

O que realmente é certo é errado — e *quão* errado é? Pouco a pouco, o muro da moralidade que deve cercar e proteger uma cidade e seu povo está sendo corroído e até mesmo totalmente removido.

Certamente você se lembra dos velhos filmes ocidentais com os guerreiros indianos que galopam em torno do forte que protege o último de seus habitantes. Uma vez que os guerreiros romperam ou quebraram uma parte da parede, o jogo acabou! Nossos valores morais são como aquele forte, protegendo nossas comunidades, cidades e nações da destruição. Infelizmente, esse muro agora tem muitas lacunas nele. Passamos mais tempo e esforço debatendo e lutando uns contra os outros sobre questões do que estamos contra o ataque do mal sobre nossos filhos e famílias.

Por exemplo, perguntamos se os adolescentes devem ser sexualmente ativos? Bem, não podemos resolver esse problema, então vamos dar-lhes preservativos! A Bíblia nos diz que é um pecado grave e não só impedirá que as pessoas entrem no reino do céu, mas causará muita dor emocional, física e social. Nos últimos anos, foi uma honra apresentar-se como virgem ao parceiro matrimonial, confiando em Deus para, em seguida, abençoar essa união e a vida juntos.

"Finalmente, no que diz respeito à sexualidade, a *honra* tem sido tradicionalmente associada (ou idêntica à) "castidade" ou "virgindade", ou no caso de homens e mulheres casados, "fidelidade".[2]

Laços da alma

Quando entramos no casamento tendo tido relações sexuais com inúmeras outras pessoas, trazemos uma maldição para o casamento, como se tivesse-mos rebelado contra Deus. Nós também carregamos uma conexão de alma com cada pessoa com quem tivemos relações sexuais: uma ligacao de alma

Durante a intimidade sexual há uma transferência mútua no reino emocional e espiritual que forma uma conexão em sua alma com a outra pessoa. Mesmo se você se separar, essa conexão permanece. Como resultado, você pode levar emoções como luxúria, raiva, insegurança ou confusão em seu casamento. Outras dinâmicas estão a funcionar, como culpa, anseios profundos para a pessoa anterior, comparações entre parceiros e ressentimento, que impedem você de ser totalmente aberto e vulnerável com sua esposa. Ambas as pessoas no casamento têm de lidar com todas as questões complexas que surgem em seu relacionamento, e enfrentam desafios extras na classificação de suas tensões emocionais profundamente enraizadas. Como se lida com os arrependimentos, culpa, ressentimento, rejeição, julgamento e até mesmo consequências físicas, como herpes, AIDS e gravidezes não planejadas?

Pense na seguinte experiencia, tome um copo de água fresca, limpa e "virgem". Em seguida, coloque apenas uma gota de cada uma das seis aquarelas no vidro. O resultado é um líquido contaminado que não é nada como o original, como agora contém seis ingredientes diferentes em sua maquiagem. De certa forma, somos como aquele copo, carregando partes de várias pessoas dentro do nosso recipiente emocional.

Da mesma forma, se você teve contato com pornografia, especialmente de forma habitual, você é mantido cativo a essas experiências por laços de alma através de um espírito lascivo. Como? Bem, uma ligação de alma é qualquer coisa que liga o seu estado mental e emocional presente a um tempo, lugar, experiência ou relacionamento do passado. Como resultado, você é constantemente atraído de volta em seu pensamento, emoções e desejos para esse "lugar". Ele controla você. Você não pode dar-se completamente, na pureza, ao Senhor ou ao seu cônjuge até que, pelo poder de Deus e escolhas consistentemente corretas, você seja liberto. Se você experimentou pessoalmente isso, você precisa se arrepender de Deus e orar a oração no final do capítulo. Eu falo mais sobre ser liberto dos vícios em outros capítulos.

É hora de negar nossos desejos egoístas, assumir a nossa cruz, dizer não a tudo o que é contra os caminhos de Deus, e retomar o elevado padrão moral.

É por isso que Davi ordenou Salomão a manter os mandamentos, ordenanças e testemunhos de Deus. Tem que haver uma linha do prumo que possa premanecer a todo tempo, apesar das opiniões pessoais. Essa linha de prumo para nós é a Palavra de Deus. Para nos proteger ainda mais, creio eu, precisamos de grupos de prestação de contas, outros homens com quem podemos conversar, para nos ajudar a manter-nos no caminho certo. Eu tenho um sonho de começar grupos de "Homens de Honra" que se reunirão mensalmente para esse fim. Essa visão a eloborar numa apêndice no final do livro.

Defender a Justiça

Só podemos tornarmos justos por Deus através da nossa aceitação e rendição a Jesus Cristo como nosso Senhor e Salvador. Nele somos limpos de todo o pecado e somos justos. Somos então chamados a viver e andar de uma maneira justa. Isso pode ser descrito como uma adesão Cristã, intransigente a um padrão de valores que são verdadeiros, honestos, que dão vida e respeitosos.

Na Concordância de Strong, a palavra justa significa "aquele que é justo, claro, limpo; uma pessoa que é caracterizada pela justiça, integridade e justiça em todos os seus negócios."

Também sugere conformidade com a Palavra de Deus revelada em todos os aspectos.

Características encontradas em um homem justo

Humildade

Isso pode ser melhor descrito como uma total ausência de egoismo. Isso significa que o mundo não gira em torno de nossas necessidades, realizações, opiniões, gostos ou desgostos. Deus defende um coração humilde e contrito como um dos atributos mais altos do homem. "Porque a Minha mão fez todas estas cousas, e todas vieram a existir, diz o SENHOR, mas o homem para quem olharei é este: o aflito e abatido de espírito, e que treme da minha palavra" (Isaías 66:2 NLT, ênfase meu).

"Ele te declarou, ó homem, o que é bom, e que é que o SENHOR pede de ti, senão que pratiques a justiça e ames a misericórdia, e andes humildemente com o teu Deus" (Miquéias 6:8 NLT, ênfase meu).

A humildade também é uma total ausência de arrogância, modos malcriados, agressividade, teimosia e uma atitude crítica. Quando essas falhas afetam a forma como tratamos as pessoas, estamos rejeitando totalmente Jesus Cristo. Estamos deixando essas atitudes reinar em nossas vidas em vez de sermos liderados pelo Espírito de Deus.

Humildade será posta à prova através do motivo do seu coração. Esta atitude busca servir aos outros com seu chamado único, doms e recursos dados por Deus, para Sua honra. Não exige que você seja um tapete. É um espírito de mansidão, não fraqueza. Mansidão é força, o controle de Deus, para se levantar e fazer a diferença neste mundo.

"Antes da ruína gaba-se o coração do homem, e diante da honra vai a humildade" (Provérbios 18:12 NLT, ênfase minha). Orgulho ou arrogância antecede a destruição. Somente aqueles com um espírito humilde podem sinceramente honrar aqueles ao seu redor e caminhar em justiça.

Servidão

Esta é uma vontade de procurar maneiras de servir a sua esposa, família, igreja, e assim por diante. A nossa atitude deve dizer: "Quais são suas necessidades, e como posso atendê-las?", não "Estas são as minhas necessidades. Por que não as atende? Grandeza não é encontrada em quantas pessoas a servem, mas em quantas pessoas você serve.

Olhe para madre Teresa. Ela deu sua vida para servir o povo carente de Calcutá e encontrou "grandeza" aos olhos de Deus e do mundo. Os maridos que esperam que suas esposas e filhos os sirvam tornam-se dogmáticos e irritáveis quando resistem de alguma forma. Deus chamou os homens para mostrar o caminho, para ser um exemplo de servo na família. Estabelecemos o tom e a atitude em nossas famílias refletindo o coração servo de Cristo. Faça isso e você vai experimentar uma transformação total em sua família.

Veracidade

"Ora, a mensagem que da parte Dele temos ouvido e vos anunciamos, é esta: que Deus é luz, e não há nele treva nenhuma. Se dissermos que mantemos comunhão com Ele, e andarmos nas trevas, mentimos e não praticamos a verdade. Se, porém, andarmos na luz, como Ele está na luz, mantemos comunhão uns com os outros, e o sangue de Jesus, Seu Filho, nos purifica de todo o pecado" (1 João 1:5-7 NLT, ênfase meu).

As palavras *verdade* e *luz* se correlacionam com a definição de quem Deus é. Andar na verdade é caminhar na luz, e caminhar na luz é andar em Deus.

"Jesus disse: 'Eu sou o Caminho, a Verdade e a Vida'" (João 14:6 RSV).

"Envia a tua luz e a tua verdade, para que me guiem e me levem ao teu santo monte, e aos teus tabernáculos. Então irei ao altar de Deus, de Deus que é a minha grande alegria; ao som da harpa eu te louvarei, ó Deus, Deus meu." (Salmo 43:3-4 NLT).

A verdade é a base da confiança na nossa relação matrimonial. Quando sua esposa duvida da verdade de suas palavras ou intenções, ela vai achar muito difícil confiar em você, e um casamento sem confiança resulta em ciúmes, ansiedade, medo e divisão.

Honra e verdade nos negócios

Homens de honra podem ser confiáveis por causa de seu compromisso intransigente de andar na verdade em todos os momentos sobre seus relacionamentos, finanças e negócios.

Outrora, os negócios eram baseados no entendimento de que a palavra de um homem era a sua honra, e grandes negócios foram concluídos em um aperto de mão. O pai de Lindah era um corretor da bolsa na década de 1970, e eu lembro-me dele dizer que fechava negócios no valor de milhões de dólares na palavra de uma pessoa ou aperto de mão. Isso resultou em grande eficiência, baixo custo e transações comerciais eficazes.

Hoje em dia, todos os negócios têm de ser elaborados por advogados com rimas de documentos legais. Isto exige custos legais enormes assim como os custos de transações atrasadas e o desperdício de tempo produtivo.

Homens de honra estão empenhados em andar na integridade financeira e verdade em todos os seus negócios. Como é trágico quando as pessoas cometem suas economias, fundos de aposento e dinheiro arduamente ganho para as corporações, apenas para descobrir anos mais tarde que tudo foi perdido por a corrupção e fraude. Eu, pessoalmente, tive essa experiência, tendo confiado minhas economias de pensão para uma instituição financeira listada que teve de ser submetida a gestão judicial devido à corrupção massiva. Na verdade, o CEO cometeu suicídio e deixou um rastro de engano e devastação. Estas histórias são bastante comuns hoje.

Honra em Suas Finanças e Tempo

Os homens podem realizar grandes feitos, liderar corporações, mover montanhas e até mesmo governar nações, mas um dos "testes decisivos" de honra envolve o que fazem com o dinheiro em seu poder. Como gastamos nosso dinheiro revela o que está em nossos corações. Se o dinheiro é nosso Deus, então é isso que honramos dando todo o nosso tempo e energia para obtê-lo. Se você gasta seu dinheiro em carros ou brinquedos extravagantes para seu prazer, aquele é o que você honra.

Quando optarmos por fazer de Deus o dono de todo o nosso dinheiro e riqueza, e percebemos que somos "mordomos" de tudo o que Ele nos deu, então vamos honrá-lo e fazer escolhas lideradas por Seu Espírito Santo. "Honra ao Senhor com os teus bens, e com as primícias de toda a tua renda" (Provérbios 3:9 RSV).

"Não digas, pois, no teu coração: 'A minha força e o poder do meu braço me adquiriram estas riquezas.' Antes te lembrarás do Senhor teu Deus, porque é ele que te dá força para adquirires riquezas; para confirmar sua aliança que, sob juramento, prometeu a teus pais, como hoje se vê. Se te esqueceres do Senhor teu Deus e andares após outros deuses e os servires, e os adorares, protesto hoje contra vós outros que perecereis" (Deuteronômio 8:17-19 RSV).

Quando honrarmos a Deus como aquele que nos permite produzir riqueza e quem é o dono de nossa riqueza, daremos generosamente para a construção de Seu reino e gastaremos, investiremos e lidaremos com dinheiro com um coração de justiça, verdade e confiança.

Deus promete que nossos celeiros serão abastados. Deus nos chama a colocá-lo à prova nisto, pois se honrá-lo da maneira que lidamos com o nosso dinheiro, Ele abrirá as janelas do céus e derramará bênção transbordante sobre nós (Malaquias 3:10).

Precisamos de homens confiáveis para se levantar no negócio e estabelecer um elevado padrão moral novamente, os homens que dizem não ao suborno, ganância, engano e corrupção. Precisamos de homens que não façam nada por motivos egoístas que causem perda e dor aos outros. Se você compra bens e serviços ou toma um empréstimo, cumpra o pagamento no tempo certo. Desonramos quando não pagamos o prometido. Não gaste suas finanças em compras excessivas; isto é ganância. Se você tiver problemas financeiros, chame as pessoas a quem você deve e deia uma explicação. Mostre ser confiável e honrado em todos os momentos.

Também precisamos ser honestos e honraveis no cumprimento de nossas responsabilidades para com nossos empregadores. Por exemplo, quanto tempo você gasta ao telefone na hora de trabalho da empresa, lidando com problemas pessoais? Quanto tempo você perde apenas conversando com amigos no Skype ou Facebook e lendo e-mails encaminhados? É desonroso para o seu emprego fazer isso no tempo da empresa. O uso de papelaria da empresa, gasolina e reivindicações de despesas também devem ser considerados.

O Poder da Confiança

Em seu livro, *The Speed of Trust*, Stephen H. R. Covey[3] diz que:

- Nada é tão rápido quanto a velocidade da confiança.
- Nada é tão gratificante como uma relação de confiança.
- Nada é tão inspirador como uma oferta de confiança.
- Nada é tão rentável como as economias de confiança.
- Nada tem mais influência do que uma reputação de confiança

Ele continua a dizer que quando a confiança é alta, há uma maior eficiência nas transações, o que resulta em custos mais baixos e maior lucro. Alternativamente, quando a confiança é baixa, a velocidade da transação também é baixa, resultando em altos custos e baixos lucros.

Considere quanto tempo e dinheiro são desperdiçados hoje em todos os pontos de verificação da segurança do aeroporto porque não se pode confiar nos povos do mundo!

Sem que homens de honra se levantem no governo, nos serviços de saúde, na instrução, no negócio, nas artes, nos meios de publicidade, e em todos os restantes domínios da sociedade, enfrentaremos custos de vida em espiral, mais crime, pobreza, doença, agitação por todo mundo, e mesmo o colapso de nossas estruturas sociais.

Caminhando em fidelidade

Deus é descrito na Bíblia como um Deus de amor durador e fidelidade, que são duas características que devem ser encontradas em nós também. "Todas as veredas do Senhor são misericórdia e verdade" (Salmo 25:10 RSV).

"Pague, porém, o Senhor a cada um a sua justiça e a sua lealdade" (1 Samuel 26:23 RSV).

A fidelidade é um compromisso inabalável e incondicional para:

- Honrar a Deus em tudo o que você pensa, diga e faça, todos os dias, enquanto você serve a Ele e Seus propósitos para sua vida.
- Amar, apreciar e honrar sua esposa.
- Amar e honrar seus filhos e familiares, colocando-os diante de todos os seus outros compromissos e interesses.
- Manter a integridade, a verdade, a responsabilidade e o compromisso em todos os negócios.
- Que seja confiável em todos os pensamentos, palavras e ações.

No contexto do casamento, a honra estabelece limites claros:

- Não vou mentir para minha esposa.
- Não me envolverei em pornografia de qualquer forma, seja pela Internet ou em filmes ou revistas.
- Eu não vou desenvolver relações pessoais ou amizades pessoais com outras mulheres. Não me encontrarei com nenhuma mulher socialmente sozinha.
- Eu não abusarei verbalmente a minha esposa com desaprovação contínua, sarcasmo, raiva, ou palavras ásperas.

Uma vez aconselhei um casal cujo casamento estava em crise. O marido estava constantemente falando de uma forma vergonhosa, fazendo com que sua esposa se sentisse abusada verbalmente. Sua resposta foi que pelo menos não estava abusando fisicamente dela! Eu disse-lhe que estava usando a boca como um punho e que, na verdade, o abuso foi tão ruim, se não pior.

Os homens de honra devem estar constantemente procurando maneiras de construir a auto-estima, e o valor de suas esposas. Sua esposa deve se sentir segura e protegida em sua presença. Ela deve ser capaz de confiar totalmente em seus motivos e se sentir em paz com você. *A fidelidade constrói a confiança. A confiança constrói harmonia e paz em seu relacionamento, e isso resulta em bênção e prosperidade em suas vidas.*

É preciso coragem para ser um homem de honra e para se opor à corrupção, ganância, engano e compromisso de valores morais de Deus neste mundo. Os gritos de mulheres e crianças sofredoras são quase ensurdecedores em seu desespero.

O chamado é que os homens se levantem, tomem a montanha, estabeleçam o elevado padrão moral e defendam a justiça, a fidelidade e a verdade. Homens de honra constroiem confiança que estabelecem harmonia, paz e alegria, tornando este mundo um lugar seguro para todos viverem e serem abençoados.

1. Oração do Pastor Joe Wright (usado por permissão)

2. Wikipedia commentary (Internet) http://en.wikipedia.org/wiki/Honour

3. Stephen M. R. Covey, *The Speed of Trust*. (New York, NY, Simon and Schuster, Limited 2006) com permissão.

Hora de levantar a bandeira

Reflexão pessoal

Meditar em 1 Reis 2:1-3.

1. Porque é preciso coragem para ser um homem?

2. Em que terreno moral é que você se comprometeu?

3. Que "hora de tentação" você enfrentou ou sucumbiu?

Uma Oração Para Quebrar Laços Da Alma

(Se possível, ore esta oração na presença de um líder espiritual.)

Deus Pai, peço-lhe que me perdoe pelo envolvimento sexual fora do casamento. Perdoa-me por envergonhar as mulheres com quem fiz sexo e por fazê-las pecar contra a sua palavra. Peço-lhe para me limpar com o sangue de Jesus e quebrar o " laços da alma " entre mim e essas mulheres. Eu me arrependo e tomo autoridade sobre espíritos de engano, lascivia, raiva, confusão e rejeição (ou qualquer outro que você identificar) que eu dei acesso ou que pode ter sido transferido para mim emocionalmente e espiritualmente. Eu também peço-lhe, Pai, que quebre a maldição sobre a minha vida e qualquer maldição geracional deste pecado sobre os meus filhos. Em nome de Jesus, Amém.

Pontos para discussão em grupo

1. Que elevado padrão moral é preciso recapturar na sociedade?

2. Conversem sobre a oração do Pastor Wright.

3. Leia e converse sobre Mateus 16:24-26.

4. Como é que o seguintes constrói confiança em nossos relacionamentos e negócios?
    - Retidão
    - Humildade
    - Servidão
    - Verdade

5. Compartilhe individualmente quais montanhas você precisa conquistar para tomar e estabelecer o elevado padrão moral nas várias áreas de sua vida. Discuta o conceito de "a hora" que poderia mudar o mundo.

6. Discuta a seguinte declaração:
    "A fidelidade constrói a confiança. A confiança constrói harmonia e paz em seus relacionamentos, e isso resulta em bênção e prosperidade em sua vida."

7. Ore pela graça e coragem para cada pessoa sair e tomar sua "montanha".

Capítulo 5

Uma Causa por Qual Viver e Morrer

Eu fui muito desafiado pelo filme Braveheart. Nesta história, William Wallace retorna à aldeia de seu nascimento para ficar na casa deixada a ele por seu pai. Ele decidiu que era tempo para repousar, dedicar-se à agricultura, e fazer parte da vida da aldeia. Ele descobre que as pessoas estão em cativeiro para com o governador da área, que constantemente invade sua aldeia e confisca suas colheitas. O governador, agindo pela instrução do rei, chega com um decreto que toda donzela comprometida é obrigada a passar a noite com ele antes de seu casamento. Ele vai violar sua pureza sexual na véspera de seu casamento.

Enquanto isso, William desenvolveu um relacionamento com uma linda garota na aldeia, o que resulta em que eles sejam secretamente casados. No dia seguinte, os soldados tentam violar a noiva de William. Ele ataca os soldados, e pensando que ela escapou, corre para encontrá-la em uma floresta distante. Ela, no entanto, havia sido capturada e brutalmente morta pelo governador por resistir a seus soldados.

Enfurecido com isso, William ataca e derrota os soldados e mata o governador. Ele então ataca outros fortes e envia alguns dos soldados de volta para o rei da Inglaterra com esta mensagem: "As filhas e os filhos da Escócia não são mais seus. A Escócia agora está livre."

Em um estágio da guerra, seus compatriotas, enfrentando o formidável exército da Inglaterra, começam a duvidar se eles podem ganhar. William declara corajosamente: "Nós podemos e vamos!"

Eventualmente, ele é capturado e é oferecido a escolha entre a morte e a submissão ao rei. Ele responde: "Todos os homens morrerão; poucos homens realmente vivem." William Wallace assume "a causa" de renunciar a tirania e opressão dos poderes da Inglaterra e ver seu povo liberto. É uma causa pela qual vale a pena viver, e para ele, é até uma causa que justifica a sua morte.

Lembro-me de pensar quando assisti á primeira cena horrenda, "ó, Deus, que terrível! Pelo menos casais se casando hoje não tem que enfrentar esse tipo de tragédia, onde a virgindade da menina é roubada dela antes que ela se case." Senti o Espírito de Deus me dizer: "Mas isso é exatamente o que está acontecendo hoje!" Os homens estão perseguindo meninas, usando todos os esquemas que podem para seduzi-las a ter relações sexuais com eles. Eles usam dinheiro, carros, presentes caros, festas, álcool e até drogas para conseguir o que querem. Eles até prometem amor eterno para satisfazer seus desejos lascivos.

Poucas garotas vão se casar como virgens na sociedade de hoje. Os homens violam as meninas, embora saibam que seu futuro marido está lá fora, esperando por sua noiva "pura e impecável". Não estamos vivendo na tirania dos dias de William Wallace, mas o motivo e a intenção ainda estão lá para "pegar o que posso para meu próprio prazer egoísta". Atrair, cortejar, roubar, mentir, fazer o que for preciso!

Acredito que precisamos desafiar esse mal com tanta paixão e convicção quanto William Wallace. Os homens de honra precisam se levantar e dizer não à perpetuação dessa prática maligna de destruir a dignidade e o valor das mulheres e potencialmente destruir seus casamentos futuros. Precisamos tratar as mulheres com honra e respeito. Precisamos protegê-las como valiosas e preciosas e restaurar sua confiança, fé e esperança nos homens. É uma causa de vida e, se necessário, de morte.

Deixe-me enfatizar que não há amor sem honra. Você não pode dizer a uma mulher que você a ama ao tentar seduzir, manipular, ou pressioná-la a fazer sexo com você antes do casamento. Isso só resultará em seu sentimento usado, rejeitado, ferido, culpado e profundamente envergonhado. Honra nunca faz nada que vai de alguma forma ferir ou expor uma mulher. A honra é a base do amor. Protege, nutre, sustenta, estima e se acumula o tempo todo.

Vamos fazer a diferença e parar de inventar desculpas.

No caminho para a cruz, Jesus teve que contar o custo. Ele queria tomar posse do padrão moral elevado, quebrar o poder e a maldição do pecado, e libertar as pessoas da tirania do mal. Em Mateus 4 vemos como Jesus foi levado pelo Espírito para o deserto para jejuar e orar e ser tentado pelo Diabo. Depois de quarenta dias, Ele deve ter estado com fome e, tenho certeza, um pouco fraco. O Diabo tentou Jesus a ceder-lhe com falsas promessas. Ele tentou seduziu Jesus a comprometer Seu chamado, buscar os interesses de si mesmo, negar a Deus e receber o poder do Diabo. Para tudo isso, Jesus disse que não!

E se Ele tivesse cedido à tentação e decidido que não poderia enfrentar a cruz e toda a dor Que iria suportar — e especialmente a separação de seu pai?

E se...

- Abraão havia dito que não deixaria sua família e país quando Deus o chamou para sair em rumo a uma nova terra que lhe mostraria?
- Moisés decidise que não iria enfrentar o Faraó?
- Josué mante-se seu medo e não leva-se os Israelitas a capturar Jericó e entrar na Terra Prometida?
- Davi tivesse visto apenas o "gigante" e não confiasse em Deus e mata-se Golias, embora só tivesse uma fisga e cinco pedras?
- Pessoas como John Wesley, Madre Teresa, Billy Graham e Nelson Mandela tivesse negado sua missão?
- Você e eu não nos levantarmos e lutarmos pela causa que Deus nos deu?

Sucesso ou vitória para os comprometidos começa onde a maioria das pessoas desistem!

E que mais direi ainda? Certamente me faltará o tempo necessário para referir o que há a respeito de Gideão, de Baraque, de Sansão, de Jefté, de Davi, de Samuel e dos profetas, os quais, por meio da fé subjugaram reinos, praticaram a justiça, obtiveram promessas, fecharam bocas de leões, extinguiram a violência do fogo, escaparam ao fio da espada, da fraqueza tiraram força, fizeram-se poderosos em guerra, puseram em fuga os exércitos dos estrangeiros. Mulheres receberam, pela ressurreição, os seus mortos. Alguns foram torturados, não aceitando seu resgate, para obterem superior ressurreição; outros, por sua vez, passaram pela prova de escárnios e açoites, sim, até de algemas e prisões. Foram apedrejados, provados, serrados pelo meio, mortos ao fio da espada, andaram peregrinos, vestidos de peles de ovelhas e de cabras, necessitados, afligidos maltratados (homens dos quais o mundo não era digno), errantes pelos desertos, pelos montes, pelas covas, pelos antros da terra. Ora todos estes que obtiveram bom testemunho por sua fé, não obtiveram, contudo, a concretização da promessa. (Hebreus 11:32-39 NKJV)

Esses homens, dos quais se diz que "o mundo não era digno", fizeram essas coisas para nossa herança, nosso benefício. Em atos totalmente altruístas de auto-sacrifício, eles escalaram suas montanhas e plantaram a bandeira de honra, tomando o elevado padrão moral.

Nós, no entanto, vivemos em um mundo onde os homens não podem controlar suas emoções, controlar suas bocas ou desligar a pornografia na Internet. Eles não conseguem parar de reclamar, criticar, gemer, ou permitir que sua irritação e raiva cresça contra seus entes queridos. Os homens não podem levantar-se de manhã para ter tempo com Deus e receber instruções para as montanhas que precisam conquistar. Alguns não conseguem manter suas casas ou carros limpos!

Um homem veio até mim para aconselhamento matrimonial. Na verdade, ele veio me dizer que estava para deixar sua esposa, porque "não sentia mais nada." Sua esposa e filhos estavam completamente perturbados e quebrados, mas ele não *sentia nada*!

Aqui está uma notícia deslumbrante: não há sentimentos confortáveis no caminho para tomar a sua montanha. Jesus suava sangue no caminho para a cruz. Somente os homens que são movidos pelo coração de Deus, homens que são compelidos por uma causa de vida ou morte, podem tomar a montanha. Tais são os homens que darão suas vidas para levantar a bandeira para a honra de sua família, equipe e nação.

Você pode se sentir inadequado ou pensar que sua montanha é muito alta. Talvez você seja retido pelos pecados e pela culpa de seus ontems. Na humildade e arrependimento, somos libertos das nossas falhas de ontem. Deus nos chama hoje a nos levantarmos e aproveitarmos, para que possamos mudar o nosso amanhã.

Deus comissiona e equipa os de um coração humilde e disposto.

Edmund Burke disse: "A única coisa necessária para o mal triunfar é que os homens bons não façam nada."

É hora de parar de inventar desculpas para nossas ações e para o mundo em que vivemos. É hora de fazer a diferença!

Hora de levantar a bandeira

Reflexão pessoal

1. Qual é a causa ou paixão pela qual você vive?

2. Como é que você carrega sua paixão por
    - viver para honrar seus entes queridos,
    - ser fiel aos seus compromissos e promessas,
    - viver em justiça e verdade?

3. Deus já te chamou para algo muito maior do que você mesmo?

4. Você respondeu e obedeceu ao chamado?

Pontos para discussão em grupo

1. Discuta as possibilidades "E se" da página 61.

2. Leia Hebreus 11:32-39 e converse sobre a sua resposta emocional á leitura.

3. Em que áreas de sua vida pode responder à declaração de Edmund Burke?

4. Em que áreas tem dado desculpas para não se envolver?

5. Compartilhe as áreas em que você sente que Deus lhe está chamar a se envolver e fazer a diferença. Quais são os primeiros passos que pode dar?

6. Rezem um pelo outro.

Capítulo 6

Andar Digno de Nossa Chamada

Tendo recebido um lugar de honra em Cristo, somos cobrados por Paulo para caminhar ou viver de uma forma digna desta posição. "Rogo-vos, pois eu, o prisioneiro no Senhor, que andeis de modo digno da vocação a que fostes chamados" (Efésios 4:1 NLT, ênfase minha).

A seguir no capítulo, Paulo disse que é hora de parar de viver como costumávamos.

> Isto, portanto, digo, e no Senhor testifico, *que não mais andeis como também andam os Gentios*, na vaidade de seus próprios pensamentos, obscurecidos de entendimento, alheios à vida de Deus por causa da ignorância em que vivem, pela dureza dos seus corações, os quais, tendo-se tornado insensíveis, se entragaram à dissolução para, com avidez, cometerem toda sorte de impureza.
>
> Mas não foi assim que aprendeste de Cristo, se é que de fato o tendes ouvido, e nele fostes instruídos, segundo é a verdade em Jesus, no sentido de que, qunato ao trat passado, *vos despojeis* do velho homem, que se corrompe segundo as concupiscências do engano, e vos renoveis no espírito do vosso entendimento, e vos revistais do novo homem, criado segundo Deus, em justiça e retidão procedentes da verdade.

Por isso, *deixando* a mentira, fale cada um a verdade com o seu próximo, porque somos membros uns dos outros. Irai-vos, e não pequeis; não se ponha o sol sobre a vossa ira, nem deis lugar ao diabo.

Aquele que furtava, não furte mais; antes trabalhe, fazendo com as próprias mãos o que é bom, para que tenha com que acudir ao necessitado. Não saia da vossa boca alguma palavra torpe, e, sim, unicamente a que for boa para edificação, conforme a necessidade, e assim transmita graça aos que ouvem.

E não entristeçais ao Espírito de Deus, no qual fostes selados para o dia da redenção.

Longe de vós toda a amargura, e cólera, e ira, e gritaria, e blasfêmias, e bem assim toda a malícia. Antes sede uns para com os outros benignos, compassivos, perdoando-vos uns aos outros, como também Deus em de Cristo vos perdoou." (Efésios 4:17-32 NLT, ênfase minha)

Virando-se da vergonha para a honra

Vamos olhar para as palavras enfatizadas na passagem acima.

- Viva *não mais* por prazer lascivo, praticando todo tipo de impureza. Pornografia, fantasias sexuais, masturbação e outros vícios são prazeres lascivos que destroem a vida dos homens. Não foi isso que aprendemos em Cristo, que deu a Vida Dele para nos libertar de um estilo de vida de vergonha e restaurar nossa honra.
- *Vos despojeis* de sua natureza velha e pecaminosa e seu antigo modo de vida, que é corrompido pela

lasciva e engano.

- *Deixando* de contar mentiras. Mentir para os outros de qualquer forma leva ao engano e destruição em sua vida. Satanás mentiu para Adão e Eva, e através disso trouxe a queda do homem. Pare de ficar com raiva; dá uma posição ao Diabo. Pare de roubar; em vez disso, trabalhar duro e deia generosamente aos outros. Não use linguagem chula ou abusiva; em vez disso, certifique-se de que suas palavras serão um incentivo para aqueles que as ouvem.
- *Longe de vós* toda amargura, raiva, ira, palavras duras, e calúnia, bem como todos os tipos de comportamento do mal.

Paulo usou palavras *explícitas*: *não viver mais, despojar, deixar e se livrar.* Em outras palavras, assumir o controle de sua vida. Comece a reinar e governar sua vida, pois ninguém mais pode fazer isso por você. As pessoas podem ajudá-lo, orar por você e guiá-lo, mas não podem governar seus pensamentos, emoções, atitude e comportamento.

"Como cidade derribada, que não tem muros, assim é o homem que não *tem domínio próprio.*" (Provérbios 25:28 AB, ênfase meu). Quando uma pessoa não rege ou controla suas emoções e ações, é como uma cidade que não tem proteção, permitindo que o inimigo entre para matar, roubar e destruir. Os resultados a longo prazo são sempre feridos e devastação.

Eu estava aconselhando um homem cuja vida e casamento eram uma bagunça. Eu compartilhei Efésios 4 com ele e, especificamente, seu compromisso de despojar, parar e se livrar das coisas em sua vida que estavam causando o colapso de seu casamento. Ele disse: "Bem, talvez eu possa tentar, mas preciso pensar sobre isso por alguns dias."

"Ai não!" Eu disse, desafiando-o. "Não é uma questão de *tentar*, mas de *morrer*. Comece imediatamente!" Temos que exercer regra e autocontrole sobre nossas emoções e ações hoje, ou seremos saqueados para sempre pelo Inimigo, como aquela cidade com muros quebrados.

Quando um pára-quedista salta de um avião, ele chega ao ponto onde deve puxar o cabo para libertar o pára-quedas. Ele não pode pensar sobre isso ou dar algum tempo; ele tem que fazê-lo na hora! Se você estivesse dirigindo ao longo da estrada e um cavalo pulou na sua frente, não haveria tempo para considerar seu modo de agir. Você teria que travar imediatamente ou correr o risco de ser morto.

Uma vez Lindah e eu fomos passar um fim de semana numa casa de campo. Tínhamos acabado de desempacotar a comida na cozinha quando uma enorme barata correu pelo chão. Lindah pulou em cima do balcão em um movimento e gritou: "Mata-a, mata-a!" Não era hora de eu dizer: "Bem, deixe-me pensar sobre isso por um tempo." Era hora de agir!

Atitudes e hábitos ímpios estão destruindo sua vida e a vida de sua família. Estão machucando as pessoas. São pecados, e precisamos de nos arrepender perante Deus. Ao fazê-lo, podemos ser autorizados pelo Espírito Santo a mudar e ser libertos.

O Princípio da Substituição

Nunca alcançaremos a nossa vitória apenas tentando parar. Temos de substituir o negativo ou o mau por o que é positivo e bom. Efésios 4:24 (RSV) nos instrui a ser renovado no espírito de nossas mentes e assumir a nova natureza criada após a semelhança de Deus na verdadeira justiça e santidade.

Por exemplo, para se livrar da raiva e da ira, você deve conscientemente libertar o amor, o perdão e a honra para com os outros no poder do Espírito Santo. Se você está preso em vícios sexuais lascivos, você precisa propositadamente "desarmar" os poderes que atrai para este estilo de vida da seguinte maneira:

- Arrependa-se e caminhe em prestação de contas a um líder espiritual que pode apoiá-lo e com quem você pode ser vulnerável.
- Identificar a "raiz da vergonha" que impulsiona a lascivia. Quando e por que isso começou? Entregue esta raiz a Jesus Cristo, pedindo-lhe para libertá-lo.
- Apresente seu corpo, mãos, olhos e mente ao Senhor para seu propósito e prazer.
- Sempre que normalmente assistiria a pornografia, pretenda estar com amigos de apoio, ler livros motivacionais, exercício, ou ouvir um DVD de Deus. Aplique o princípio de substituição.

Não somos capazes em nossa própria força de ser os homens de honra que Deus nos chamou a ser. Portanto, Jesus disse que Ele nos enviaria o Espírito Santo — o ajudante, o fortalecedor, o facilitador — para nos capacitar a viver uma vida pautada em Deus. Então podemos caminhar, não por nossa própria força e poder, mas por Seu Espírito fluindo através de nós, permitindo-nos substituir as emoções negativas com os frutos de Seu Espírito. O poder da nossa rendição permite que ele nos fortaleça e nos equipe, fazendo de nós tudo o que deveríamos ser.

Paulo nos encoraja em Efésios 4:2-6 a "andar digno" no Espírito de Deus: "Com toda humanidade e mansidão, com longanimidade, suportando-vos uns aos outros em amor, esforçando-vos diligentemente por preservar a unidade do Espírito no vínculo da paz: Há somente um corpo e um Espírito, como também fostes chamados numa só esperança da vossa vocação: há um só Senhor, uma só fé, um só batismo: um só Deus e Pai de todos, o qual é sobre todos, age por meio de todos e está em todos."

Na verdade, somos todos parte de um corpo, o corpo de Cristo. Então, vamos fazer todos os esforços para andar em paz com uma atitude humilde e gentil, fazendo concessão para os defeitos uns dos outros. O "princípio da substituição", caminhando com o espírito oposto, é uma força poderosa para a mudança e o crescimento em nossas vidas. É a melhor maneira de superar emoções e hábitos negativos e destrutivos e trazer cura e restauração aos relacionamentos.

Retidão relacional

Colossenses 3 nos dá princípios poderosos pelos quais possamos viver a nossa jornada como homens de honra. Estes princípios regem a forma como devemos comportar-nos e alerta-nos sobre como não devemos comportar-nos nas nossas relações. Os versos 5-11 imploram-nos que rejeitase-mos, desviase-mos e recusase-mos a praticar qualquer forma de injustiça relacional que envergonhe e machuque os outros.

Somos implorados a "terminar com":

- Atividade sexual incorreta, que inclui adultério, masturbação, estimulação pornográfica, ou relações sexuais extraconjugais que trazem vergonha, mágoa, culpa e rejeição na vida de uma mulher. Um homem de honra deve ser aquele "príncipe de armadura brilhante", aquele que valoriza e protege uma mulher dando-lhe o seu valor.
- Trocas e palavras iradas que desonram e quebram a dignidade e o valor de uma pessoa
- Atitudes ciumentas ou invejosas
- Desejos gananciosos
- Fofocas, esvaziando seu coração de amargura ou malícia em relação aos outros
- Linguagem imunda, incluindo humor grosseiro e, em particular, blasfêmia que usa o nome de Cristo em vão.

De acordo com Colossenses 3:12-15, estamos a substituir essas coisas com um estilo de vida que diligentemente pratica todas as formas de retidão relacional que vai honrar e abençoar os outros.

Vestisse-se com uma honra que retrata:

- Ternura: mostrando gentileza e compaixão
- Bondade: estar disposto a ajudar e servir de maneiras práticas
- Humildade: não ser rude, arrogante ou vaidoso
- Mansidão: ter força em perfeito controle de Deus
- Longanamidade: não ser facilmente ofendido, mostrando paciência e compreensão das lutas e fraquezas dos outros. As últimas palavras de Jesus foram: "Pai, perdoe-os porque não sabem o que fazem" (Lucas 23:34 RSV).
- Perdão: perdoar os outros, assim como Cristo nos perdoou

- Amor: amor incondicional e sacrificial que nos une
- Paz: deixar a paz de Deus governar em seu coração
- Gratidão em todas as circunstâncias, estar cheio de louvor e encorajamento para com os outros em vez de criticar continuamente e encontrar falhas.

"A vossa palavra seja sempre agradável, temperada com sal para saberdes como deveis responder a cada um" (Colossenses 4:6 NKJV).

"Antes sede uns para com os outros benignos, compassivos, perdoando-vos uns aos outros, como também Deus em de Cristo vos perdoou." (Efésios 4:32 NLT).

Pontes do amor

Homens de honra estão sentados em um lugar de honra e devem procurar construir "pontes de amor" com aqueles ao seu redor.

É tão fácil permitir que o estresse da vida e as tensões emocionais causem um colapso na forma como nos relacionamos uns com os outros. Precisamos ser intencionais sobre a construção de pontes de amor para aqueles com quem nos relacionamos, o que trará harmonia, paz e bênção. Isto aplica-se a todos os nossos relacionamentos, incluindo aqueles com cônjuges, filhos, colegas de negócios, e assim por diante.

Excedendo Um Ao Outro Em Mostrar Honra

"Amai-vos cordialmente uns aos outros com amor fraternal, preferindo-vos em honra uns aos outros" (Romanos 12:10 RSV).

Penso que esta é a única vez que nos é dito, de certa forma, para competir uns com os outros, pois isso garantirá que vivamos para construir pontes de amor.

Procure maneiras todos os dias para transmitir honra e dignidade.

1. Ande digno em suas atitudes.
2. Responda no "espírito oposto".
3. Envolva-se mentalmente e emocionalmente.
   - Mostre interesse genuíno e aguçado naqueles com quem se relaciona.
   - Tire um tempo para ouvir com empatia.
   - Deia louvor, elogios e apreço ás pessoas e por todos os seus esforços em todas as oportunidades. Retirada de conexão emocional, desengajamento, ou ignorando aqueles próximos a você é uma das

coisas mais vergonhosas que podemos fazer relacionalmente.

- Não interrompa horários especiais atendendo chamadas telefônicas. Uma das coisas mais desonraveis que fazemos hoje é atender chamadas de telefone celular durante uma reunião, uma hora de refeição, ou um momento de foco em outra pessoa. Mesmo a desculpa de que "temos que aceitar essa chamada" é desonrosa. A implicação é que "esta chamada é mais importante do que você."

- Não olhe para além das pessoas com quem você está conversar para ver se há alguém mais importante com quem devia estar a falar.

4. Quando os outros estão sofrendo, deia-lhes do seu tempo para ajuda-los, levá-los a uma refeição, oferecer ajuda prática com as crianças, e assim por diante.

5. Esteija disposto continuamente a dar perdão aos outros. Colocar expectativas irrealistas sobre os outros pode-nos levar a sentirmos decepcionados, ofendidos e críticos para com os outors. O julgamento sempre trará amargura e ressentimento em um relacionamento, resultando em separação. Escolha andar em perdão como um modo de vida.

6. Eu gosto de ver isso como a libertação de um "rio de misericórdia" que flui continuamente através de nós em direção aos outros. A misericórdia transformará sua vida e cada situação relacional que você enfrenta, trazendo harmonia, paz e alegria. Minha esposa, Lindah, e eu escrevemos um livro chamado *Living in*

God's River of Mercy[1], que trata especificamente do tema do julgamento e do perdão. Gostaria de exortá-lo a ler este livro.

Uma Nação Transformada

Na África do Sul, experimentamos uma transição do apartheid para a democracia de uma forma muito poderosa. Nelson Mandela foi liberto da prisão depois de ter sido injustamente encarcerado por vinte e sete anos. A maioria das pessoas esperava retribuição e possível derramamento de sangue, já que o Congresso Nacional Africano assumiu o governo do país. No entanto, Mandela optou por perdoar e construir uma "ponte de amor" para a nossa nação atravessar em rumo a um novo futuro. Ele se levantou como um homem de honra, deixou de lado toda a amargura que poderia ter inflamado o ódio e a retribuição, e levou a nação em uma jornada de perdão, sobre uma ponte de amor, para a liberdade.

Retidão Relacional nos Negócios

O maior trunfo de qualquer negócio é o seu povo. Em todos os momentos durante o nosso desenvolvimento de negócios, haverá pessoas a quem nos relacionamos em diferentes níveis. Há aqueles por quem somos responsaveis, aqueles em pé de igualdade com a gente, e aqueles que são responsáveis por nós. Os líderes sempre enfrentarão o desafio de mover as pessoas para alcançar os objetivos pessoais e da empresa. Alcançar metas envolverá a avaliação do desempenho de vez em quando. Nestes negócios, temos a opção de honrar uma pessoa, permanecer desapegados ou concentrar-nos continuamente nas fraquezas.

Sugiro que, como um homem de honra você defenda o seguinte:

- Equilibrar elogios e correção em uma proporção de 10:1. É fácil se concentrar nas fraquezas e falhas de uma pessoa e ignorar seus pontos fortes e esforços positivos. Honrá-los em seus esforços construirão uma base para que você traga a correção que será recebida e respondida positivamente.
- Sempre estabeleca a dignidade e o valor de uma pessoa como membro da equipe, tanto privada quanto publicamente. Isso significa que você nunca fala com ninguém de forma depreciativa ou humilhante. Quando criticamos ou gritamos com as pessoas, especialmente na frente dos outros, nós as desvalorizamos.
- Nunca manipule os outros de sua posição de poder para alcançar seus próprios objetivos. Se fizer isso, eles vão se sentir usados, abusados e ressentidos.
- Retrate a compaixão e a empatia pelas pessoas e suas circunstâncias. Uma pessoa que sente que é apenas um "objeto" na empresa nunca vai subir ao seu pleno potencial. Quando os outros sabem que você se importa, eles vão se importar o suficiente para dar o seu melhor.
- Honre e incentive os indivíduos por o que eles são e não apenas por seu desempenho e realizações.
- Honre o tempo em família dos seus empregados.

Cumprir prazos e concluir projetos são uma realidade de negócios que podem exigir tempo extra no trabalho ou levar o trabalho para casa. No entanto, esta deve ser a exceção e não um modo de vida. Depois de mais de quinze anos de aconselhamento na área do casamento e da família, testemunhei que a produtividade de um funcionário, seja um gerente ou um trabalhador de chão, é substancialmente reduzida em tempos de crise conjugal e familiar. Uma empresa que protege seu povo e famílias prosperará financeiramente.

A Recompensa de Honra

"Ao homem que teme o Senhor, Ele o instruirá no caminho que deve escolher. Na prosperidade repousará a sua alma, e a sua descendência herdará a terra. A intimidade do Senhor é para os que o temem, aos quais ele dará a conhecer a Sua aliança" (Salmo 25:12-14 RSV).

Honrar o Senhor é o mesmo que *temer* o Senhor. Quando tememos, reverênciamos ou adoramos, estamos honrando-o.

"Louvado o SENHOR! Bem-aventurado o homem que teme ao SENHOR, e se compraz nos Seus mandamentos. A sua descendência será poderosa na terra: será abençoada a geração dos justos. Na sua casa *há* prosperidade e riqueza, e a sua justiça premanece para sempre" (Salmo 112:1-3 RSV, ênfase minha).

As promessas da aliança com Deus, que incluem

prosperidade e bênção para sua família, são a herança daqueles que honram a Deus em todas as áreas de suas vidas.

Sem Honra, Sem Poder

Quando Jesus foi para seu próprio país de origem, o povo estava familiarizado com Ele e zombou dos milagres que ele tinha realizado. "Ele é apenas um carpinteiro", disseram eles. Jesus então disse que um profeta é honrado em todos os lugares, exceto em sua própria cidade natal, e como resultado de sua desonra, mesmo Jesus não poderia fazer milagres lá.

> Tendo Jesus partido dali, foi para a Nazaré, Sua cidade natal, e os seus discípulos o acompanharam.. Chegando o sábado, passou a ensinar na sinagoga; e muitos, ouvido-o, se maravilhavam, dizendo: "Donde vêm a este estas cousas ? Que sabedoria é esta que lhe foi dada? E como se fazem tais maravilhas por suas mãos?" Não é este o carpinteiro, o filho de Maria e o irmão de Tiago, José, Judas e Simão? e não vivem aqui entre nós suas irmãs." E escandalizavam-se nele. Jesus, porém, lhes disse: " Não há profeta sem honra senão na sua própria cidade natal, entre os seus parentes e na sua casa". Não pôde fazer ali nenhum milagre, senão curar uns poucos enfermos impondo-lhes as mãos. (Marcos 6:1-5 NLT)

Quando não honramos as pessoas, incluindo nossas esposas, filhos, funcionários, líderes e colegas de trabalho, nós as desautorizamos e perdemos nossa recompensa no processo.

Eu percebo que depois de um capítulo como este, podemos sentir que temos falhado, e então nos vem a auto-condenação. As escrituras trazem convicção do Espírito Santo, não a condenação, que possamos pedir a Deus o poder de Sua graça para nos ajudar a mudar. Precisamos de nos arrepender, confessar nossas irregularidades e deficiências, e optar por nos afastar e mudar dos nossos velhos caminhos.

Eu confio que você está animado que tem um lugar de honra à mão direita de Deus em Cristo e que está pronto para construir pontes de amor. É hora de andar digno de um homem de honra, escalar sua montanha e plantar a bandeira da justiça, reivindicando a vitória para sua família, seu regimento no exército de Deus, e cada homem de honra lutando em seu lado esquerdo e direito.

1. *Living in God's River of Mercy* (Drummond and Lindah Robinson)

Hora de levantar a bandeira

Reflexão pessoal

1. Meditar sobre Efésios 4:17-32 e Colossenses 3:5-11.

2. Faça uma lista das emoções negativas, destrutivas e hábitos que você muitas vezes assume. É importante que reconheça estas emoções, porque cada emoção negativa resulta de uma crença num sistema baseado na mentira de qual você reage ou opera, resultando em hábitos de vida destrutivos.

3. Agora peça a Deus perdão enquanto rasga o pedaço de papel e declare que essas coisas não mais governarão sobre você. Peça ao Espírito Santo para capacitá-lo a superar nessas áreas. Se possível, ore com um líder espiritual maduro.

4. Donde e com quem é que precisa construir pontes de amor?

5. Tome nota do que vai usar de Efésios 4:2-6 e Colossenses 3:12-15 para ajudá-lo a andar no "espírito oposto" conforme você aplicar o princípio da substituição.

1. Discuta os pontos da seção sobre a retidão relacional nos negócios.

2. Discuta como as pessoas são desempoderadas por falta de honra em famílias, igrejas e negócios, e como perdemos nossa "recompensa" por causa disso.

3. Leia e discuta Romanos 2:7-8, 10 (NLT): "Dará vida eterna aos que, perseverando em fazer o bem, procuram glória, honra e incorruptibilidade; mas a ira e indignação aos facciosos que desobedecem à verdade, e obedecem à injustiça."

Capítulo 7

Movendo-se da Vergonha à Honra

Ao responder ao chamado para viver e andar como um homem de honra, você pode ser retido por questões do seu passado que não foram totalmente tratadas e por sentimentos de medo e inadequação em viver de acordo com o desafio e as responsabilidades.

Coisas do seu passado podem mantê-lo em cativeiro da vergonha, que é um sentimento de rejeição, inutilidade e falta de valor pessoal e dignidade, que contribuem para um sentimento de confusão, insegurança e culpa. Isso pode resultar de uma educação em que fomos continuamente criticados, ridicularizados, ignorados ou abusados verbalmente, emocionalmente ou fisicamente. A vergonha estabelece uma base insidiosa, pois o medo do fracasso nos impedirá de cumprir nosso destino e propósito em Deus. Neste capítulo, abordarei essas questões, confiando que você encontrará cura, libertação e empoderamento em sua vida.

Transformado em outro homem

Em 1 Samuel 9, vemos que Deus escolheu Saul para se tornar rei sobre Israel em resposta ao pedido do povo de ter um rei sobre eles. Samuel disse a Saul que ele estava prestes a ser nomeado rei sobre o povo. A resposta de Saul no versículo 21 foi que ele era um benjaminita, da menor das tribos de Israel, e que sua família era a mais pobre ou mais fraca de todas as famílias de sua tribo. Vemos que Saul tinha um senso de vergonha e insegurança em sua vida. No entanto, Samuel o enviou em seu caminho com uma profecia do que estava prestes a acontecer em sua jornada. Saul encontraria um bando de profetas. "O Espírito do Senhor se apossará de ti, e profetizarás com eles, e tu serás mudado em outro homem. Sucedeu, pois, que, virando-se ele para despedir-se de Samuel, Deus lhe mudou o coração" (1 Samuel 10:6, 9 RSV).

Para que Deus nos use, precisamos ceder completamente a Ele, para que possamos receber poder pelo Espírito Santo transformando-nos num novo homem com um novo coração. Temos de nos desviar e deixar o que nos manteve cativos. Temos de ser libertos da vergonha e do medo para assumir o manto da autoridade e da unção de Deus e conquistar a "montanha" diante de nós.

O Espírito do Senhor Tomou Posse

A história de Gideão também é um poderoso testemunho de como podemos ser libertos para cumprir o nosso chamado. Lemos sobre isso em Juízes 6. Os israelitas tinham pecado perante o Senhor. Eles se rebelaram contra os caminhos de Deus, então Ele os havia dado na mão de seus inimigos, os Medianitas, que destruiriam os produtos de suas terras e não deixariam sustento, nem mesmo ovelhas ou bois. Os Medianitas devastavam a terra sempre que se deparavam com Israel.

Pobreza, esterilidade, confusão, desesperança, dor e destruição são subprodutos de um coração impenitente. Israel se rebelou contra Deus, então Ele removeu Sua proteção e os deu na mão de seus inimigos. Nem sempre devemos culpar o Diabo, mas devemos perceber que abrimos e fechamos as portas a este tipo de destruição por nossas escolhas. Enqunato calei os meus pecados, envelheceram os meus ossos pelos meus constantes gemidos todo o dia (Salmo 32:3 RSV).

Deus ouviu o clamor de Israel, assim como, agora mesmo, Seu coração está voltado para nos restaurar. O anjo do Senhor apareceu a Gideão enquanto ele batia trigo no lagar para escondê-lo dos Meidianitas.

> Então o Anjo do Senhor lhe apareceu e lhe disse: "O Senhor é contigo homem valente!" Respondeu-lhe Gideão: "Ai Senhor meu, se o Senhor é conosco, por que nos sobreveio tudo isto? E que é feito de todas as suas maravilhas que nossos pais nos contaram, dizendo: 'Não nos fez o Senhor subir do Egito?' Porém, agora o Senhor nos desamparou e nos entregou nas mãos dos Medianitas."
>
> Então se virou o Senhor para ele, e disse: "Vai nessa tua força, e livra Israel da mão dos Medianitas; porventura não te enviei Eu?" E ele lhe disse: "Ai, Senhor meu, como que livrarei a Israel? Eis que a minha família é a mais pobre em Manassés, e eu o menor na casa do meu pai." Tornou-lhe o Senhor: "Já que eu estou contigo, ferirás os Medianitas como se fossem um só homem". (Juízes 6:12-16 NKJV)

Gideão e os Israelitas Foram Derrotados Pela Vergonha.

O povo de Israel vivia em pecado, então Deus retirou Sua proteção deles, permitindo que fossem governados por seus inimigos. Essa rejeição fez com que fossem superados pela vergonha. Quando a glória e a honra de Deus forem removidas de nós, nós também seremos governados por nossos inimigos e viveremos envergonhados.

Os Israelitas perderam seu valor, honra, dignidade e força. Eles eram governados pelos Medianitas, mas o pior, é que eram governados por inimigos dentro de seus corações que os controlavam — inimigos como vergonha, amargura, ofensa, julgamento, falta de perdão, desânimo e medo que se tornaram fortalezas em suas vidas.

A resposta de Gideão ao anjo foi uma queixa e uma repreensão a Deus: "Ai Senhor meu, se o Senhor é conosco, por que nos sobreveio tudo isto? E que é feito de todas as suas maravilhas que nossos pais nos contaram? "

Quantas vezes fazemos isso! Quando as coisas dão errado em nossas vidas, questionamos o amor e a integridade de Deus. Como poderia Deus permitir que isto acontecesse? Aonde estava Ele? Ao repreender a Deus, abrimos a porta para o Inimigo entrar e desperdiçar nossas vidas. Vivemos em um mundo caído de pecado, morte e destruição como resultado da rebelião do homem. No entanto, Jesus diz que em Si temos a vida em abundância e liberdade da maldição do pecado.

Considere a história do regimento escocês que havia sido desativado. Eles tinham visto sua amada bandeira sendo abaixada pela última vez e criou uma "chaga de vergonha" em seu homem interior. Muitas vezes nem percebemos que recebemos essa chaga, mas ela está lá, e ela apodrece e cresce com o passar dos anos. Estamos apenas conscientes de alguns de seus efeitos em nossas vidas, como rejeição, confusão, irritabilidade, raiva, amargura e depressão.

Identificar a raiz de uma ferida de vergonha nos ajudará a lidar com alguns desses frutos.

Alguns Inimigos que Precisamos de Enfrentar

1. Feridas do passado

    Como Gideão, carregamos feridas do passado, muitas vezes culpamos pais, esposas, parceiros de negócios, ou até mesmo Deus por nossa dor. Isso permite que uma raiz de amargura e ressentimento possa controlar nossas vidas, que causa mais destruição. "Atentando diligentemente por que ninguém seja faltoso, separando-se da graça de Deus; nem haja alguma raiz de amargura que brotando, vos perturbe e, pro meio dela muitos sejam contaminados" (Hebreus 12:15 NLT).

2. Ofensa e falta de perdão

    Culpar outras pessoas pela nossa situação vai manter-nos em cativeiro de dor e ofensa e também escravisados perante as pessoas que nos machucaram. Libertamos a misericórdia quando permitimos que o perdão que Jesus nos demonstrou flua através de nós em direção a essas pessoas, e a misericórdia triunfará sobre o julgamento e nos libertará.

3. Desânimo

    Você pode ouvir o desânimo na voz de Gideão. Ele e seu povo não tinham esperança ou motivo para viver, e eles se sentiram abandonados por Deus. Gideão tinha abraçado a mentira que era o menor e mais fraco, inútil e não amado. As pessoas muitas vezes desvalorizam-se acreditando, como Gideão, que são as mais fracas e as menores, o que leva ao desânimo e até mesmo à depressão.

4. Arrependimentos do passado

Viver nos arrependimentos do passado irá impedi-lo de viver plenamente a vida de hoje e de se mudar para o seu futuro destino com confiança e esperança. *Se só...*, pensamos nós. Porque aquilo aconteceu? Como ele ou ela pode ser tão insensível? Estes tipos de pensamentos e palavras nos aprisionam emocionalmente nas dores do passado e nos mantêm derrotados com vergonha.

5. Medo

Estas pessoas estavam escondidas em cavernas! Gideão estava desbulhando o grão no lagar! O medo fará com que fiquemos paralisados, incapazes de enfrentar e superar obstáculos. O medo também é um pecado, na medida em que nos impede de confiar no amor e na capacidade de Deus para nos libertar. Deus criou o homem para ser um campeão, um homem poderoso de valor. Foi por isso que o anjo se dirigiu a Gideão como um poderoso homem de valor. Como deve o coração de Deus sofrer quando nós, homens, abandonamos nossa comissão e o chamado de Deus sobre nós por causa do medo. Como ocorreu na história de Braveheart, temos que deixar o medo de lado, arrepender-se dele, e levantar-se com um propósitio para a vida ou a morte.

Tirando a Nossa Força

Rebelião contra Deus — o que resulta em vergonha, julgamento, ofensa, falta de perdão, desânimo, arrependimento e medo — era o verdadeiro inimigo de Israel. Claro, os Medianitas os atacaram e destruíram suas plantações e terras, mas os Israelitas foram realmente derrotados por se curvarem perante os inimigos em suas próprias vidas que os mantinham cativos.

"Não sabeis que daquele a quem vos ofereceis como servos para obediência, desse mesmo a quem obedeceis sois servos, seja do pecado para a morte, ou da obediência para a justiça? Mas graças a Deus porque, outrora escravos do pecado, contudo viestes a obedecer de coração, à forma de doutrina a que fostes entregues" (Romanos 6:16-17 NLT).

Paulo disse que somos "escravos" do que escolhemos obedecer. Gideão era um escravo das coisas acima mencionadas, pois ele era controlado por elas. Certamente o povo nunca poderia levantar-se e derrotar o inimigo exterior, enqunato não pudesem derrotar o inimigo interior!

Talvez esteja lutando contra coisas como vergonha, desânimo, medo e rejeição, sempre culpando os outros. Pode haver outros inimigos reais, como luxúrias sexuais, dependência de álcool, inseguranças, depressão, raiva ou falta de disciplina em sua vida. Estes pecados tiram a sua força! Eles neutralizam o seu poder de superar as forças que o derrubam e roubam sua bênção.

Determinação Para ser Liberto

Precisamos de determinação para que sejamos libertos.

Isto me lembra do meu sogro, Wally Morgan, um homem incrível de coragem e fé que era piloto de aeronaves na Segunda Guerra Mundial. Aos vinte anos de idade, foi abatido sobre o Mar Mediterrâneo e passou oito dias em um bote salva-vidas com sua tripulação. Como Gideão, teve ele uma visão em que Deus lhe mostrou que seriam resgatados no oitavo dia por um navio inimigo. Esta esperança ajudou a manter os homens vivos.

Eles foram então levados para o campo de prisioneiros alemão conhecido como Stalag Luft III. Como prisioneiros de guerra, arriscando punição severa ou mesmo morte, Wally e seus companheiros começaram a cavar um túnel através do qual eles poderiam escapar, usando colheres e facas e até mesmo as próprias mãos. Enfrentaram enormes desafios, como esconder e dispersar a areia, noites sem dormir, a falta de oxigênio no túnel e o perigo do túnel desmoronar sobre eles. No entanto, determinaram em seus corações que, custe o que custar, iriam escapar de seu cativeiro.

É um triste facto que hoje as pessoas aceitam e vivem em cativeiro e escravidão às coisas que os escravizam. Precisamos de uma fé consumidora, coragem e determinação para sermos libertos, custe o que custar.

Vamos ver o que fez Gideão.

Ele respondeu: "Se agora achei mercê diante dos teus olhos, dá-me um sinal de que és tu, Senhor, que me falas. Rogo-te que daqui não te apartes, até que eu volte, e traga a minha oferta, e a deponha perante Ti" Respondeu Ele: "Esperarei até que voltes".

Entrou Gideão e preparou uma cabrito bolos asmos dum efa de farinha; a carne pôs num cesto, e o caldo numa panela, e trouxe-lhe até debaixo do carvalho, e lho apresentou. Porém o anjo de Deus lhe disse: "Toma a carne e os bolos asmos, põe-nos sobre esta rocha e derrama-lhes por cima o caldo." E assim o fez. Estendeu o Anjo do Senhor a ponta do cajado, que trazia na mão, e tocou a carne e os bolos asmos; então subiu fogo da rocha, e consumiu a carne e os bolos; e o Anjo do Senhor desapareceu de sua presença. (Juízes 6:17-21 NKJV)

Gideão foi e preparou uma oferta de sacrifício especial, e ele trouxe a melhor comida que tinha em sua casa, talvez tudo o que tinha naqueles tempos carentes, como uma indicação de seu desejo de se arrepender diante de Deus. Ele colocou a comida em uma rocha (um altar), e foi consumida pelo fogo ao toque do anjo. *Sacrificar significa levar o nosso melhor e apresentá-lo ao Senhor, à medida que lhe entregamos o nosso coracão em total rendição.*

"Viu Gideão que era o Anjo do Senhor, e disse: 'Ai de mim, Senhor Deus, pois eu vi o Anjo do Senhor face a face. ' Porém o Senhor lhe disse: 'Paz seja contigo! Não temas! Não morrerás!' Então Gideão edificou ali um altar ao Senhor, e lhe chamou o-Senhor-é-paz. Ainda até ao dia de hoje está o altar em Ofra, que pertence aos abiezritas" (Juízes 6:22-24 NKJV).

Agora, aqui está a coisa incrível: assim que o sacrifício de Gideão foi consumido, ele percebeu que tinha estado com um anjo, e foi mais uma vez tocado pela majestade e poder de Deus. Tenho certeza que sabia que a vergonha tinha sido tirado dele e que sua honra antes de Deus foi restaurada.

Gideão Encontra a Paz

Deus disse a Gideão: "Paz seja contigo! Não temas! Não morrerás!" Gideon recebeu a paz de Deus, um novo senso de segurança em seu relacionamento com o Senhor. Ele também recebeu a garantia de que Deus lutaria por ele e o salvaria.

Homens com corações impenitentes, e aqueles que vivem vidas egocêntrias em rebelião contra Deus, não experimentarão a verdadeira, inabalável paz e honra diante de Deus.

Grandes realizações, riqueza, fama, diversas mulheres e poder não satisfará o anseio do homem pela paz. A razão for isto é que a paz não garante a ausência de problemas ou estresse. Na verdade, a *paz* significa "ser definido com Deus." Quando estamos posicionados em honra à mão direita de Deus, estamos em completa unidade e harmonia com Deus e Seus propósitos para nós. Vivemos em harmonia com nós mesmos e com aqueles que nos rodeam. Este é um verdadeiro estado de *shalom*, que significa "segurança, totalidade, bem-estar, prosperidade, paz e amizade".

Arrependendo-se e Derrubando Altares

Agora Deus disse a Gideão para quebrar os altares de Baal, o deus estrangeiro, e fazer um altar ao Senhor sobre o qual sacrificaria um touro.

"Naquela mesma noite lhe disse o Senhor: Toma um boi que pertence a teu pai, a saber, o segundo boi de sete anos, e derriba o altar de Baal que é de teu pai, e corta o poste-ídolo que está junto ao Altar. Edifica ao Senhor teu Deus no cume deste baluarte, em camadas de pedra, e toma o segundo boi e o oferecerás em holocausto com a lenha do poste-ídolo que vieres a cortar'" (Juízes 6:25-26 NKJV).

Uma ferida que não é reconhecida, de que se não arrepende e até por qual se chora, nunca vai sarar. Essa ferida nos manterá em uma prisão de vergonha e nos impedirá de abraçar o nosso destino e de tomar nossa montanha. Temos que derrubar os altares dos deuses estrangeiros que nos escravizam e construir um novo altar para o Senhor.

Fazemos isso em espírito de oração:

1. Confessando a Deus que esses "deuses" são pecados.
2. Arrependendo-nos de termos permitido que nos mantivessem em cativeiro.
3. Entregando nossas vidas a Jesus Cristo para servi-lo - a Ele somente - como um homem de honra.
4. Permitindo que Jesus retire o "manto da vergonha" de nossos ombros e nos vista com Seu "manto de honra".

5. Nomeando cada inimigo e colocando-o aos pés da cruz — vergonha, ofensa, desânimo, medo, arrependimentos, culpa e vícios. Permita que o sangue de Jesus os lave, enquanto você declara: "Está terminado!"

Podemos confiar em Seu grande e terno amor e misericórdia para nos encontrar em nosso ponto de necessidade e nos libertar da dor de memórias abusivas.

O Espírito Toma Posse

"E todos os midianitas e amalequitas, e povos do oriente, se ajuntaram, e passaram, e se acamparam no Vale de Jezreel. Então o Espírito do Senhor revestiu a Gideão; o qual tocou a trombeta, e os abiezritas se ajuntaram após dele" (Juízes 6:33-34 NKJV).

Os Midianitas, Amalequitas e o povo do leste se uniram para atacar os Israelitas e acampar no vale de Jezreel. Em vez de medo, o Espírito de Deus se deparou com Gideão, e ele soou a trombeta, chamando o povo de Deus para a guerra. Eventualmente, com apenas trezentos homens, ele derrotou totalmente o inimigo. Ele "pegou sua montanha" e "levantou a bandeira", restaurando a honra a Israel. Ele estabeleceu o alto padrão moral da presença e autoridade de Deus em suas vidas mais uma vez.

Você tem, vivendo em você, o mesmo Espírito que levantou Jesus Cristo dos mortos. Deus quer transformá-lo em "outro homem" e dar-lhe um novo coração para que você possa se levantar e abraçar o seu destino. É hora de você se arrepender, ceder a Deus e se tornar um homem de honra. Coloque a trombeta nos lábios. Conquiste sua montanha, levante a bandeira e estabeleça o elevado padrão moral em sua vida e família.

A única coisa pior do que morrer no campo de batalha é viver na derrota. William Wallace disse: "Todos os homens vão morrer. Poucos homens realmente vivem." Ao morrer para si mesmo, vivemos, pois em Deus não á morte para a morte, mas para uma vida eterna, vitoriosa, realizada e alegre.

Hora de levantar a bandeira.

Reflexão pessoal

1. Quais os inimigos Gideão com que você se identifica?

2. Prepare um altar em seu coração no qual pode colocar esses inimigos, enquanto entrega sua vida de novo a Deus. Permita que o Espírito de Deus o liberte dessas fortalezas e renove seu coração.

Pontos para discussão em grupo

1. Fale sobre os inimigos que você enfrenta em:
   - Sua família
   - Sua igreja
   - Sua empresa
   - Sua nação

2. Usando a oração na página 93, ore um pelo outro nessas áreas até encontrar nova paz e segurança em Deus.

3. Fale sobre esta declaração: "A única coisa pior do que morrer no campo de batalha é viver na derrota!"

Capítulo 8

Esposo de Honra

Para ter sucesso como homem, você tem que ter sucesso no que está perto do coração de Deus que é fundamental para toda a vida humana: seu casamento e lar, nos papéis de marido e pai. Hoje em dia, o sucesso de um homem está associado com a subida para uma certa posição nos negócios. Você tem que acumular certa riqueza. Você tem que ter um certo carro. Você tem que viver num certo subúrbio. Isso é considerado sucesso! Deus não é contra essas coisas, mas Ele certamente é contra o nosso esforço em busca dessas coisas materiais que tiram o nosso foco de nosso casamento e família.

Pode ter ouvido a piada que, na hora da morte, não vamos dizer, "eu lamento não passar mais tempo no escritório!" A maioria de nós vai se arrepender de não termos passado mais tempo com nossas esposas e nossas famílias. Este é um tema realmente desafiador e emotivo. Quando estivermos diante de Cristo um dia, a questão não será sobre quantos bens materiais adquirimos; será sobre como nós amamos e cuidamos de nossas esposas e filhos.

Em nosso papel como maridos, mais do que qualquer outra área de nossas vidas, seremos responsabilizados pela forma como honramos e amamos nossas esposas. Como mencionei no Capítulo 4, o amor e a honra são intrinsecamente entrelaçados. Você não pode confessar amar alguém sem se comprometer a honrá-los em pensamento, palavra e ação.

O nosso modelo é Jesus Cristo. O nosso exemplo é sua relação com Sua noiva, a igreja. Os votos de casamento de Deus para nós são encontrados em Oséias 2:19-20 (RSV): "Desposar-te-ei comigo para sempre; desposar-te-ei comigo em justiça e em juizo, e em benignidade e em misericórdias. Desposar-te-ei comigo em fidelidade e conhecerás ao Senhor."

Aliança

O sangue e a morte de Jesus na cruz estabeleceram uma aliança conosco que reflete os votos acima mencionados. Uma aliança é um compromisso irrevogável e incondicional que é válido para a vida. Para entrar em aliança, duas pessoas devem simbolicamente morrer para si mesmas, entregar tudo e tornar-se "uma só pessoa" para com o outro. O que é meu é seu, e o que é seu é meu. Não é mais "você e eu", mas "nós". Uma aliança não é como um contrato ou acordo que pode ser anulado. Os votos são para sempre vinculativos, até que a morte nos separe.

São *votos de honra* para nos estabelecer no amor, confiança, pureza, perdão, compaixão e intimidade eterna. Como é incrível ter um casamento baseado neste tipo de aliança! Toda esposa se sentiria honrada, querida, especial, segura e capaz de florescer neste tipo de atmosfera.

O maior desafio que encontramos enquanto viajamos pelo mundo é que muitos homens não tiveram um modelo de Deus em seus próprios pais. Os homens podem ter sido sujeitos a autoridade abusiva, ou podem ter tido pais que abdicaram da chefia. Alguns pais simplesmente não estiveram lá para suas famílias. Muitos meninos não apresenciaram em seus pais um exemplo de como amar, estimar e honrar uma mulher. Isso tem apresentado um tremendo desafio para os homens. Em alguns casamentos, os homens estão controlando e dominando, ou, alternativamente, eles são retirados e desvinculados. Essa atitude não reflete a chefia ou o coração do amor de Cristo.

Coração de Deus Para Maridos

Efésios 5:21-29 é realmente um modelo tremendo para os maridos modelar-se após Cristo, porque Jesus é o nosso modelo quando se trata de chefia, autoridade, e ser um homem de honra na família.

De outra forma, a passagem diz:

> Sejam sujeitos ou submetei-vos uns aos outros por reverência a Cristo. As esposas submetem-se aos vossos maridos, quanto ao Senhor, pois o marido é o chefe da esposa, pois *Cristo é o chefe da igreja*, Seu corpo, e é ele próprio seu Salvador. Como a igreja está sujeita a Cristo, então deixe as esposas também serem sujeitas em tudo aos seus maridos.
>
> *Maridos, amem suas esposas como Cristo amava a igreja* e se entregou por ela, para santificá-la, tendo a limpo pela lavagem da água da a Sua Palavra, para Ele possa apresentar a igreja para si mesmo no esplendor, sem mancha ou rugas ou qualquer genero de coisa, para que seja santa e sem defeito. Mesmo assim, os maridos devem amar suas esposas como seus próprios corpos. Aquele que ama

a esposa ama a si mesmo. Pois nenhum homem jamais odiou sua própria carne, mas a nutre e a estima como Cristo faz com a igreja, porque somos membros de Seu corpo. Por esta razão, um homem deve deixar seu pai e mãe e se juntar com sua esposa, e os dois se tornarão uma única carne.

Este mistério é profundo, e eu estou dizendo que se refere a Cristo e à igreja. No entanto, se cada um de vocês ama sua esposa como ele mesmo, então a esposa cuide de respeitar seu marido.

É uma responsabilidade incrível e bênção que Jesus nos deu! Ele nos alerta ao modo como ele ama sua noiva, a igreja — nutrindo-a, estimando-a, e cuidando dela — para que nós, como maridos olharmos para Jesus como o modelo de um marido honrado.

Deixe-me agora destacar alguns versículos que nos dão uma imagem clara do nosso papel.

Efésios 05:23

"O marido é o chefe da esposa, como Cristo é o chefe da igreja, seu corpo, e é ele mesmo seu Salvador" (Efésios 5:23).

Liderança

Qual é a palavra-chave nesse versículo? A maioria dos homens a quem perguntei dizem que a palavra-chave é *chefe*, e, obviamente, o versículo está falando sobre a liderança. Mas acredito que a palavra-chave é *como*. Quando lemos as Escrituras e colocamos a ênfase na palavra *como*, o versículo assume um significado tremendo: "Pois o marido é o chefe da esposa como Cristo é o chefe da igreja". *Como* significa "da mesma forma". Portanto, da mesma forma que Cristo reflete a liderança da igreja, nós, maridos, devemos refletir a liderança de nossas esposas.

Como é exibida a chefia de Cristo? Que palavras descreveriam Sua liderança sobre a igreja?

Servidão

Uma das palavras-chave que descrevem Sua chefia é *servidão*. Em Marcos 10:45 (RSV), "Para o Filho do homem também veio não ser servido, mas para servir e dar sua vida como um resgate para muitos."

"Tende em vós, o mesmo sentimento que houve também em Cristo Jesus, pois ele, subsistindo em forma de Deus, não julgou com usurpação o ser igual a Deus; mas antes a si memo se esvaziou, assumindo a forma de servo, tornando-se em semelhança de homens, e, reconhecido em figura humana, a si mesmo se humilhou, tornando-se obediente até à morte, e morte de cruz" (Filipenses 2:5-8 RSV).

Jesus veio servir e capacitar-nos a tornar-nos tudo o que podemos ser no cumprimento do nosso destino em Deus. Ele nos levantou para que possamos "ficar nas montanhas" e declarar Sua bondade e fidelidade. Da mesma forma, nós, maridos, devemos servir nossas esposas para que elas possam ser elevadas a cumprir seu destino em Deus. Onde elas estão carentes, nós ajudamos a trazer a conclusão. Onde eles são fracas, trazemos força, apoio e afirmação.

Provisão

A provisão é outra palavra que se relaciona com a liderança de Cristo sobre nós. Jesus é nosso provedor, e olhamos para ele diariamente para o nosso alimento espiritual, emocional e físico. Alguns anos atrás, enquanto lutava pessoalmente com essa questão, percebi que o Deus Pai simplesmente me chamou para ser um canal de Sua bênção e provisão para minha família. Ele é a fonte de nossa provisão e deseja nos fornecer através de Seus recursos infinitos. Estou debaixo de Sua autoridade, e Ele quer abençoar minha família ainda mais do que eu. *Eu preciso de me alinhar com seus princípios* e, em seguida, operar em sua autoridade delegada para libertar Sua bênção sobre a minha família.

Proteção

Proteção também descreve a chefia de Cristo. Ele é o nosso refúgio, rocha e forte torre. Da forma como confiamos no Senhor, nossas famílias também devem ser capazes de confiar em nós para ser seu refúgio e lugar de segurança. (1) Devemos protegê-los espiritualmente proclamando e vivendo a Palavra de Deus e construindo-os em uma família espiritual. (2) Devemos protegê-los emocionalmente através de nossa fidelidade, consistência e estabilidade.

Nós protegemos nossas famílias sendo o "valente" á porta de nossa casa, observando e guardando nossos entes queridos para que a entrada não seja dada aos esquemas do Maligno. "Ninguém pode entrar na casa do valente para roubar-lhe os bens, sem primeiro amarrá-lo, e so então lhe saqueará a casa" (Marcos 3:27 RSV).

Amor e Gentileza

O amor e a gentileza também descrevem a chefia de Cristo. A liderança de Cristo sobre nós nunca é autoritária. Nunca é dominadora, controladora ou egoísta. Ele sempre serve, eleva, e retrata gentileza, ternura, amor e honra. Esta é a verdadeira força.

O papel do Salvador

A última parte de Efésios 5:23 diz: "Como também Cristo é o cabeça da igreja, sendo este mesmo Salvador do corpo." Há uma inferência aqui de que, assim como Cristo é nosso Salvador, há um papel para nós desempenharmos em ser um "salvador" para nossas esposas. Agora, obviamente, há apenas um Salvador, e que é Jesus Cristo. Mas o que significa para nós ser um salvador? Como podemos cumprir esse papel?

A essência da palavra salvador traduzida na Bíblia é "doador de vida". Jesus nos trouxe da morte à vida, da escuridão à luz, e ao fazer isso Ele nos deu uma promessa e uma esperança para o nosso futuro e vida eterna. Jesus é o nosso doador de vida. As Escrituras estão inferindo que nós, como homens, temos um papel em ser doadores de vida para nossas esposas.

Como podemos fazer isso na prática diariamente? O que dá vida? Quando uma pessoa permanece a seu lado prestando ajuda quando você está lutando em uma situação, que traz esperança e vida para você. Assim, diariamente, os maridos podem trazer o incentivo e a esperança á suas esposas com as palavras encourajedoras e de ajuda na prática.

Uma das coisas que eu percebi sobre o mundo em que vivemos é que não há muito "honrar" a manifestar-se. Na verdade, o sistema mundial parece ser projetado para nos fazer sentir vergonha, envergonhados porque não temos este carro, envergonhados porque não estamos nessa posição, envergonhados porque não temos esta casa. Está realmente nos dizendo que somos fracassos em muitas áreas de nossas vidas. Portanto, à medida que encorajamos e respeitamos nossas esposas, damos vida a elas. Damos-lhes segurança e criamos um ambiente de paz à sua volta.

Efésios 05:25

"Maridos, amem suas esposas, como Cristo amava a igreja e se entregou por ela."

Cristo nos amava em sacrifício e incondicionalmente. Seu amor era de sacrifício, porque Ele deu a vida dele por nós. Amar nossas esposas sacrificialmente significa estar disposto a dar nossas vidas por elas. O amor sacrificial também significa que, diariamente, colocamos nossas esposas em primeiro lugar, diante de nossas próprias necessidades. O amor incondicional significa que não depende de circunstâncias, sentimentos ou mesmo respostas de nossas esposas. Isso é amor incondicional!

Amor sacrificial

Um dia, enquanto eu estava visitando com um conhecido, ele recebeu um telefonema. A conversa foi curta e abrupta. Ele disse: "Olá, sim ... Não, não, isso é impossível. Não, vai ter que fazê-lo mais tarde. Faça isso por volta das cinco horas. Tudo bem, obrigado, adeus." Então ele desligou o telefone.

Eu estava muito interessado, porque eu tinha certeza que ele estava a falar com sua esposa. Eu perguntei: "Foi sua esposa?" Ele disse: "Sim, era a minha esposa. É o quarto aniversário do meu filho este sábado, e minha esposa quer realizar uma festa às 10:00 da manhã, mas eu tenho a minha partida de golfe organizada, e não vou mudar isso por qualquer festa de aniversário."

Realmente me pareceu que isso deve ter sido uma tremenda decepção para sua esposa. Não porque ela possa se amargurar com o seu marido ao preferir jogar golfe mas que possa sentir que o golfe do seu marido seja mais importante que a sua família.

Eu disse-lhe que se estivesse disposto a desistir de seu dia de golfe apenas uma ou duas vezes ao ano, faria muita diferença em seu casamento. Seria sacrificial, desistir de algo que é realmente precioso para ele. Às vezes temos que fazer isso. Temos que amar sacrificialmente e incondicionalmente, antes de satisfazer nossas próprias necessidades, sentimentos e desejos.

Este princípio é poderosamente demonstrado na vida de

casais onde uma pessoa fica muito doente. Recentemente testemunhei isso quando meu irmão Ron ficou doente com um tumor cerebral. Sua capacidade de se comunicar era severamente limitada, e ele não podia atender às suas próprias necessidades pessoais. Sua esposa, Ann, o amava sacrificialmente e incondicionalmente, servindo-o até ele partir para estar com o Senhor.

Outro amigo, Dalys Sparg, sacrificialmente e incondicionalmente amava sua esposa Jenny, que ficou doente com uma condição cerebral conhecida como *neurovasculite*. Ela era incapaz de se comunicar ou responder de qualquer maneira. No entanto, a cada dia ele cuidou ternamente dela e falou com ela como se ela fosse absolutamente normal. Essas pessoas realmente sabem o que significa honrar seus cônjuges e amar sacrificialmente.

Efésios 5:26-27

"Para que a santificasse, tendo-a purificado por meio da lavagem de água pela Palavra. Para a apresentar a si mesmo igreija gloriosa, sem macula, nem ruga, nem coisa semelhante, porem santa e sem defeito.

Muitas vezes queremos que nossas esposas *se apresentem para nós* sem manchas ou rugas ou qualquer coisa semelhante. Queremos que elas sejam perfeitas, para serem belas, para serem emocionalmente estáveis e serem amorosas e simpáticas, sem qualquer problema. Esperamos que elas sejam fortes, positivas e incansáveis, pois cuidam diariamente das crianças e governam a casa — muitas vezes lidam com uma carreira também.

Mas este versículo não diz isso. Diz que Cristo *permite* que sua noiva se apresente a Ele sem mancha ou defeito. Uma das principais maneiras como Ele consegue isto é "santificá-la, tendo a limpo pela lavagem da água com a sua Palavra". Um dos maiores desafios que os maridos têm é passar o tempo lendo a Palavra com suas esposas, lavando-as com a água da Palavra para apresentá-las, e a nós mesmos, ao Senhor em esplendor e santidade.

Eu ja vi casamentos que estavam em caos absoluto aplicar este princípio, e dentro de duas semanas o casamento foi totalmente mudado. Isso não tem que ser algo legalista; significa apenas que vocês disponham tempo para ler a Palavra e orarem juntos. Uma tremenda dinâmica é liberta quando um marido realmente lê a Bíblia com sua esposa. Com essa palavra vem graça e unção que libertam grande bênção para ela. Ela fica encantada quando seu marido lidera e assume sua autoridade nesta área. Além deste tempo juntos, permitam tempo para ler a Bíblia e estudar a sós. Pode ter que cuidar das crianças ou fazer algumas das tarefas para dar esse tempo a sua esposa. O importante é que vocês estão crescendo juntos.

Programar uma leitura anual da Bíblia é útil, pois lhe dá um padrão de leitura diário a seguir. É incrível como a passagem particular do dia vai responder a uma necessidade específica que você ou sua esposa pode ter. Sua esposa pode estar ansiosa, compartilhando que ela não sabe como vai lidar com as coisas nos próximos dias. E então você percebe que a leitura para aquele dia inclui Filipenses 4:6: "Não andeis ansiosos de coisa alguma; porém sejam conhecidas diante de Deus as vossas petições, pela oração e pela suplica, com ações de graça." Então você pode ir em frente e orar: "Pai, agradeço hoje a sua palavra. Rezo por minha esposa, e agradeço-lhe, Pai, que ela não tem que estar ansiosa, porque hoje sua paz é sua porção. Liberto Sua paz sobre ela em nome de Jesus."

Isso é dinâmico para as mulheres! As mulheres frequentemente pedem que seus maridos passem o tempo orando e lendo a Bíblia com elas. Não precisa ser uma hora por dia; comece com cinco minutos. Cinco minutos podem fazer uma diferença enorme, e irá com esperança aumentar o tempo de leitura.

Pessoalmente, preciso de passar tempo a ler a Palavra com minha esposa, mas também preciso passar tempo sozinho, adorando o Senhor. Você deve ser flexível e deixar o Espírito Santo direcioná-lo. Ler a Palavra e orar com sua esposa encoraja, santifica e a abençoa. Ao fazer isso, está apresentando-a a si mesmo "no esplendor, sem mancha ou rugas, santa e sem defeito."

Efésios 5:28-29

"Assim também os maridos devem amar suas mulheres como as seus próprios corpos. Quem ama a sua esposa, a si mesmo se ama. Porque ninguem jamais odiou a sua própria carne, antes a alimenta e dela cuida, como também Cristo o faz com a igreja"

Todos nós dedicamos tempo e esforço para cuidar de nossos próprios corpos. Você protege, nutre e estima seu corpo para que possa ser suficientemente forte para lidar com seu dia e aproveitar sua vida. Se você se importa com seu corpo, a vida vai bem!

É assim que você deve tratar sua esposa, porque vocês são uma só carne. O que faz com sua esposa, está, de fato, fazendo a si mesmo. A maneira de como você a trata vai voltar para você. Se eu tivesse um prego na minha mão e achasse que não ia me machucar, seria ridículo! Mas é assim que alguns homens pensam. Eles acreditam que podem tratar suas esposas duramente e isso não vai afetá-los. Bem, certamente vai! Você e sua esposa são uma só carne, e assim como sua mão é parte de sua carne, assim é sua esposa. Se sua esposa dói, você machuca. Se você machucar, ela dói. Somos uma só carne, e não podemos ignorar isso.

Nutrir

Nutrir significa alimentar fisicamente, emocionalmente e espiritualmente. Já discutimos o alimento espiritual, mas essa responsabilidade precisa ser trabalhada nos aspectos práticos dos domínios físico e emocional. Fazemos isso fornecendo os alimentos físicos que nossas famílias precisam diariamente, ou talvez fazendo um passeio ou fazendo algum outro exercício e simplesmente aproveitando o ar fresco. Dar a nossas esposas tempo para descansar, tomando responsabilidade pelas crianças e assumir tarefas domésticas, igualmente nutri-las-á fisicamente.

Emocionalmente, nutrimos encorajando, dando esperança, criando um ambiente seguro em casa, estabelecendo segurança e paz em nossos relacionamentos e construindo nossas esposas em sua auto-estima, valor e importância.

Estimar

Estimar significa abraçar e proteger como valioso e precioso, cuidar amorosamente.

Há uma história na Bíblia de um homem que encontrou uma pérola preciosa em um campo. Ele foi e vendeu tudo o que tinha para comprar o campo e obter a pérola. Valorize sua esposa como uma pérola de grande valor que é preciosa e importante para você.

Há profunda sabedoria em Efésios 5:21-29 e recomendo-lhe que tome um mês para estudar estes versículos diariamente. Diariamente peça ao Espírito Santo para lhe mostrar como Ele quer que você responda a esta parte das Escrituras. Ele vai revelar-lhe muito mais sobre o amar sua esposa e como refletir a liderança de Cristo para ela de uma forma honrada.

Buscando um espírito suave e silencioso

Todo homem quer uma mulher com um espírito gentil e quieto!

Em 1 Pedro 3:3, Pedro dirigiu-se às esposas: "Não seja o adorno das esposas o que é exterior, como o frisado de cabelos, adereços de ouro, aparato de vestuário, seja porém o homem interior do coração, unido ao incorruptível de um espírito manso e tranquilo, que é de grande valor diante de Deus."

No entanto, em 1 Pedro 3:7 ele diz: "Maridos, vós, igualmente ..." Isso é interessante, porque a Escritura anterior fala sobre a atitude da esposa em relação ao marido, e tenho certeza que a maioria de nós responderia e diria: "Sim, é exatamente assim que queremos que nossas esposas sejam". Ficamos animados ao ler as Escrituras sobre como nossas esposas devem se relacionar conosco com um espírito gentil, quieto e amoroso. Mas então Pedro continuou, dizendo aos maridos que se quisermos tal atitude de nossas esposas, teremos que fazer algo especial para ajudá-la a conseguir isso.

Lemos no versículo 7: " Maridos, vós, igualmente, vivei a vida comum do lar, com discernimento; e tendo, consideração para com a vossa mulher como parte mais frágil, tratai-a com dignidade, por isso que sois juntamente da mesma graça de vida, para que não se interompam as vossas orações".

Isto é difícil de ouvir! Está dizendo que se não vivermos de acordo com Efésios 5 e as Escrituras que acabamos de ler aqui, nossas orações serão impedidas. Isso basicamente cortaria os homens de toda a vida e bênção, e não podemos permitir isso. Então vamos ver o que garantiria que nossas orações não fossem impedidas.

O versículo 7 diz que devemos viver com consideração pelas nossas esposas e honrar a mulher como o sexo mais fraco. A palavra-chave aqui é "honrar".

Uma coisa que podemos ver no mundo de hoje é que a honra não está mais sendo concedida às esposas. Até 70 por cento dos casamentos quebram, e as mulheres estão lutando por seus direitos, sua dignidade e sua auto-estima. Uma característica-chave entre as mulheres é que elas parecem ter necessidade de afirmar sua auto-estima. Você já notou isso em sua própria esposa? Talvez seja algo que remonta ao jardim do Éden, onde a mulher pecou e Deus pronunciou um julgamento sobre ela: na dor, ela traria filhos, e seu marido iria governar sobre ela.

Sabemos que as mulheres foram resgatadas da maldição através de Jesus Cristo, mas estão constantemente à procura de afirmação de seus maridos. Elas pensam: *Como está o meu cabelo e vestido? Ele ainda me acha atraente?* Precisamos estar muito conscientes do auto-respeito e auto-estima em nossas esposas. Mostramos-lhes respeito na forma como falamos com elas, a forma como ouvimos, e a forma como as honramos, especialmente na presença dos nossos filhos. Em casa é onde costumamos honrar nossas esposas. É aqui que começa.

Um marido e sua esposa sentaram-se na minha frente um dia e disseram-me que estavam tendo um problema com suas crianças. As crianças eram rebeldes, gritando de volta da sua mãe, não fazendo o que ela lhes pedia, eram geralmente incontroláveis. Eles vieram ao nosso centro familiar para aconselhamento, e enquanto eles falavam, eu percebi que havia tensão dentro do casal. Quando lhes perguntei, começaram a debater-se um com o outro. O marido me disse: "Tenho certeza que é o tipo de televisão que as crianças estão assistindo, e eles devem estar aprendendo coisas na escola. É por isso que são tão rebeldes e incontroláveis. Deve haver algo acontecendo na escola."

À medida que a conversa progredia, percebi que eles passavam muito tempo abusando um do outro verbalmente em casa, e que o espírito havia sido transferido para as crianças. Com tudo isso acontecendo entre marido e mulher, eles tinham essencialmente dado aos filhos permissão para fazer exatamente a mesma coisa que eles estavam fazendo um com o outro.

Eu desafio vocês homens a ter muito cuidado com o tom e atitude com que fala em sua casa. Nunca zombe ou critique sua esposa na frente das crianças, em breve eles fazeram exatamente o que você está a fazer. Nunca zombe ou critique sua esposa publicamente. Frequentemente em eventos sociais — especial se no meio de um clima animado — ou mesmo ao visitar a família, ouvirá frequentemente maridos a contar piadas sobre suas esposas. Alguém pode perguntar: "Como está sua esposa?", e você pode dizer: "Bem, ela está comendo tudo o que pode encontrar na geleira", e todo mundo vai rugir de rir. Sua esposa pode até rir. Mas não é engraçado! Tais comentários feriram seu coração. Devemos estar muito conscientes de construir a auto-estima de nossas esposas na forma como falamos dela em particular e publicamente.

Afirmando Seu Valor, Feminilidade e Beleza

Uma vez li uma linda e verdadeira história sobre um missionário que foi visitar outro missionário numa ilha. Na primeira noite, quando o missionário visitante estava sentado em um banquete, um homem e uma mulher entraram na sala e se sentaram à mesa principal. Ela era a mulher mais bonita que o missionário já tinha visto, e ele disse ao amigo: "Nossa, esta *é a* mulher mais bonita! Quem é ela?" Ele respondeu: "Bem, há uma história maravilhosa sobre aquela mulher. Sabe, nesta ilha, se um homem quiser casar com uma mulher, ele tem que ir até ao pai dela e pagar o preço da noiva. O preço da noiva é medido em vacas. O máximo que se pode pagar é dez vacas, e, claro, o mínimo é uma vaca. A maioria das meninas na região são avaliadas a um preço de noiva de quatro, cinco ou seis vacas.

"Uma mulher em particular caminhou ao redor da ilha, vestindo um xale sobre a cabeça e cobrindo o rosto para que ninguém pudesse realmente vê-la. Parecia ser apenas uma garota muito feia. Claro, todo mundo disse: 'Seu pai não iria receber sequer uma vaca por ela. Ela provavelmente nunca vai se casar.'

"Um dia, um jovem veio até o pai e pediu-lhe para casar com sua filha. O pai ficou muito feliz e pensou: Bem, se eu começar a negociar um preço de três vacas, talvez eu possa obter duas em vez de apenas só uma. Então ele pediu o preço de três vacas do jovem. O jovem disse: 'Não, não, eu só vou casar com sua filha com uma condição: você deve me deixar pagar dez vacas.'

"O pai ficou absolutamente chocado. Nunca na ilha algum jovem havia pago um preço de dez vacas. Porque pagaria o jovem tanto pela sua filha? Ele disse ao jovem: 'Porque quer pagar o preço de dez vacas por minha filha?'

"O jovem respondeu: 'Se eu pagar uma, duas ou três vacas por sua filha, isso vai ser o seu valor para o resto de sua vida. Mas se eu pagar dez vacas por sua filha, este será o valor dela para o resto de sua vida.

"Este era um jovem muito inteligente. Ele escolheu logo no início de seu casamento construir a auto-estima de sua esposa, pois isso transformaria seu relacionamento. E certamente aconteceu. A garota que achava-se tão feia que nem conseguia mostrar o rosto em público é a mulher que entrou nesta sala. Ela se tornou a mulher mais bonita da ilha."

Eu não estou recomendando que diga a sua esposa que ela vale dez vacas! Isso provavelmente não é a melhor coisa a fazer. Mas eu o desafiaria a usar outras maneiras de deixar sua esposa saber que ela é a coisa mais valiosa e preciosa em sua vida. Se fizer isso da maneira que você fala com ela ou levando-a para um jantar adorável ou comprando-lhe um pequeno presente, diga diariamente para consigo mesmo: "Hoje construí a auto-estima da minha esposa?"

Romance e Honra

Finalmente, os homens, lembrem-se de ser românticos. Muitos homens dizem: "Eu não entendo esse negócio de romance, e eu não sei como ser romântico!" Claro, isso é um absurdo total. Você era muito romântico quando estava cortejando. Antes de se casar, era o rei do romance! Agora às vezes é simplesmente teimoso nesta área.

Há três palavras-chave que irão reavivar o lado romantico de sua vida: *tome nota dela*. Notá-la todos os dias de várias maneiras. Seja atencioso e educado, abra a porta do carro, e fazê-la sentir mais importante do que qualquer outra coisa em seu dia. Tente ser espontâneo! Por exemplo, no final do dia, no caminho de casa, pegue numa flor. Quando estiver com sua esposa, diga-lhe: "Querida, eu trouxe esta flor porque me lembra de sua beleza e o sol que traz para minha vida." Isto é notá-la. Traga-lhe chocolates. Leve-a para um filme. Dê-lhe surpresas, e elogie seu vestido. Algumas esposas chegam a casa do cabeleireiro, e o marido demora três dias para perceber que ela tem um novo penteado!

Eu desafio você a perguntar-se a si mesmo cada dia: "Eu notei minha esposa? Já notei o que ela está vestindo? Notei o cabelo dela? Eu tenho telefonando para ela a meio do dia apenas para dizer olá e dizer-lhe que estava pensando nela? Isso é ser romântico. As mulheres precisam que seus maridos as notem. Honramos quando as notamos, e isso é uma chave romântica muito importante para um casamento de felicidade e alegria. Toda mulher quer saber que seu marido se delícia com ela. Tome algumas dicas de Cantares na Bíblia, onde Salomão extravagantemente elogiou sua esposa. "Não há ninguém como ela na terra, nunca foi, nunca será, ela é uma mulher sem comparação. Minha pomba é a perfeição ... Alguém já viu algo assim — amanhecer fresco, lua linda, radiante de sol, arrebatadora como o céu noturno com suas galáxias de estrelas?" (Cantares 6:8-10 MSG).

A resposta da mulher foi incrível. Ela declarou em Cantares 7:10 (MSG), "Eu sou do meu amado, e ele tem saudades de mim" Isso soa como uma mulher feliz, contente e querida!

Amizade que Honra

A chave de um casamento bem sucedido é a amizade construída sobre momentos de diversão compartilhada juntos. Precisamos de momentos em que possamos nos envolver emocionalmente através de uma comunicação significativa, toque afetuoso, interesses compartilhados e relaxamento que traz prazer. Resista aos inimigos do casamento: tédio, previsibilidade e cansaço que apaga o fogo do seu amor. Dedicar tempo e o esforço para planear atividades juntos comunica a sua esposa que ela é especial para você e mais importante do que todos seus demais interesses. Ela se sentirá amada e honrada.

Intimidade Sexual que Honra

Quando tratamos nossas esposas como Falamos até agora — quando as amamos incondicionalmente, as servimos sacrificialmente, as apoiamos fielmente e as honramos como Jesus nos disse — vamos ter uma experiência própria de uma intimidade sexual emocionante e realizada. Haverá desejo mútuo e paixão para experimentar a intimidade sexual regularmente.

Regularidade significa que a intimidade se repita em poucos dias, não em poucos meses! Eu percebo que a idade, doença e outros fatores podem influenciar a freqüência de sua intimidade, no entanto, este dom precioso não deve ser negligenciado. Você também honra sua esposa ao garantir que ela se sinta feliz sexualmente. Tenha cuidado em ser sensível a seus desejos e necessidades — beijar, acariciando, e trazendo-a ao orgasmo quando você faz o amor de modo que ambos estejam felizes sexualmente. Minha esposa e eu escrevemos um livro sobre este tema: *7 Secrets to Fan the Flame of Love and Romance in Marriage.*[1]
Viva com consideração por sua esposa, reconhecendo-a

como uma mulher de um espírito gentil e tranquilo. Ouça suas preocupações e seja sensível às suas necessidades. *Reconheça sua feminilidade, gentileza, ternura, suavidade e cuidado como um presente para você.* Se você tratá-la duramente e agressivamente, ela nunca será a esposa que quer. Não é uma questão de sua esposa mudar; é uma questão de você mudar e tratar sua esposa de forma honravel. Então ela se tornará tudo o que você quer que ela seja. Quando ela se sente como uma "rainha", você vai se tornar um "rei".

Hora de levantar a bandeira

Reflexão pessoal

1. Reflita se sua " liderança " tem sido um reflexo da relação de Jesus Cristo com Sua noiva, a igreja.

2. Como pode você mudar para dar mais vida a sua esposa?

3. Você é capaz de ler a Palavra de Deus com sua esposa? Que desafios enfrenta e como pode superá-los?

4. Que outras áreas deste capítulo Deus destacou para você?

Pontos para discussão

1. Qual o significado de uma *alianca* quando comparado com o de um *contrato*.

2. Qual o impacto da palavra *como* em Efésios 05:25.

3. Como podemos ser "doadores-de-vida" para nossas esposas?

4. Fale sobre o que este capítulo significou para cada pessoa do grupo.

5. Identifique áreas em que pode começar a honrar mais
    a sua esposa.

6. Orem um pelo outro.

Capítulo 9

Pai de Honra

Como pais, representamos a paternidade de Deus para nossas famílias. Esta é uma responsabilidade incrível. É possivelmente o papel mais significativo, desafiador e gratificante que jamais desempenharemos.

Certa vez li uma declaração que realmente me impactou: "No mundo de hoje, há muitos pais com filhos, mas poucos filhos com pais!" Os pais estão frequentemente ocupados com o desenvolvimento da sua carreira, mantendo-se a par com o calendário social, ou fora de casa após separação matrimonial. Hoje os homens parecem não ter tempo para a paternidade.

Eu sempre fui tocado por "Cat's in the Cradle", uma canção de Harry Chapin. Eu proponho que adquira esta canção e ouça a comovente história de um menino que passa pela vida à espera que seu pai lhe deia atenção. Embora o pai tenha boas intenções, ele nunca consegue cumpri-las. O menino cresce e se trona como seu pai, e o problema se perpetua.

Nos últimos 5 anos temos trabalhado nas prisões no Quênia. É de partir o coração ouvir como os homens têm carregado a vergonha, o ressentimento e a raiva por grande parte de suas vidas devido à rejeição e até mesmo abandono por seus pais. É a principal razão pela qual eles se envolveram no crime. Muitos dos homens, ainda hoje, embora recebam visitas de suas mães, raramente vêem seus pais. Milhares de homens foram tocados e transformados através do programa 'Men Of

Honor', mas sua dor e prisão poderiam ter sido evitadas. (ver endossos)

Há muitas histórias trágicas de crianças que crescem sem um pai amoroso e carinhoso, e como resultado, a maior tragédia de todas é que elas lutam para se relacionar com Deus Pai. Como pais, somos nós que mostramos aos nossos filhos como se relacionar com Deus como nosso pai em quem podem confiar e depender, um Deus que os ama e cuida deles e quer o melhor para eles. Se as crianças tiveram um pai ausente ou abusivo, seu relacionamento com Deus Pai será provávelmente contaminado por suas experiências negativas. É por isso que vemos tantas mulheres esperando que seus maridos dêem suas vidas ao Senhor e liderem a família da forma que Deus pertende. Muitos desses homens, infelizmente, nunca tiveram um oportunidade para entender como Deus pretende que seja um pai.

Deus tem um coração para a paternidade, e como pai e homem de honra, *você é chamado para liderar, guiar, providenciar, proteger e, acima de tudo, abençoar sua esposa e filhos*. Vamos ampliar este mandato.

Transmitindo a Bênção

> Também disse Deus: "Façamos o homem à nossa imagem, conforme a nossa semelhança, tenha ele domínio sobre os peixes do mar, sobre as aves do céus, sobre os animais domésticos, sobre toda a terra, e sobre todos os répteis que rastejam pela terra." Criou Deus, pois, o homem à sua imagem, à imagem de Deus o criou; homem e mulher os criou.

> E Deus os abençoou e lhes disse: "Sede fecundos,
> multiplicai-vos, enchei a terra e sujeitai-a; dominai
> sobre os peixes do mar, sobre as aves do céus e sobre
> todo animal que rasteja pela terra ." (Gênesis 1:27-28
> RSV, ênfase meu)

Deus *os abençoou*. Abençoar significa "capacitar-se para prosperar". Deus delegou ao marido e à mulher uma autoridade para governar e reinar sobre a terra. Esta bênção também lhes deu a graça facilitadora para prosperar e ser frutífera. Em seguida, vemos esta delegada autoridade para abençoar a ser transferida de pai para filho de geração em geração.

Por exemplo, lemos como:

- Abraão abençoou Isaque (Gênesis 22:17-18).
- Isaque abençoou Jacó (Gênesis 27:26-29).
- Davi abençoou Salomão (1 Crônicas 22:11-13).

Como pais, não estamos apenas dando uma bênção, por boa que ela seja. Mas, estamos transferindo a bênção que Deus pronunciou sobre Adão e Eva e, em seguida, estabeleceu como uma aliança com Abraão. Quando governarmos nos propósitos de Deus, libertamos prosperidade e bênção sobre nossos filhos e famílias de geração em geração.

Aqui estão algumas maneiras práticas para os pais "transmitirem a bênção":

- *Palavras de afirmação, aceitação e encorajamento.* Eu não posso contar quantos homens me dizem que eles nunca ouviram as palavras "Eu te amo" de seus pais. Comunicar amor e aceitação não é uma coisa "mesquinha". É uma atribuiçao de força e coragem na vida de nossos filhos e filhas. Também é importante promover uma conversa aberta e honesta com nossos filhos e a liberdade para que eles confiem em nós a qualquer momento.

- *O toque de afeto.* As crianças recebem afirmação e bênção do toque através do comforto, afeto, abraços e do contato em brincadeira. Tocar comunica aceitação, valor e encorajamento.
- *Um estilo de vida baseado em Deus e pureza moral.* Nós abençoamos nossos filhos quando estabelecemos o elevado padrão moral em nossas casas. Um modelo justo e fiel que irá guiá-los e protegê-los mais tarde na vida. Ensinar nossos filhos a abraçar a Palavra de Deus e a experimentar a presença constante do Espírito Santo é talvez o maior presente que podemos dar a eles.
- *Interessando-se.* Fazemos isso por estarmos envolvidos na vida e atividades diárias de nossos filhos. Dedicar tempo de qualidade com nossos filhos lhes dará auto-estima, dignidade e confiança na vida. Isso transmitirá visão para seu futuro e afirmará seus doms e talentos para ajudá-los a descobrir seu destino e propósito.

As crianças sempre serão atraídas a seus pais em busca destas coisas. Mesmo se forem separados de seus pais pelo divórcio, a adopção, ou mesmo o abuso, ansiarão reencontrar-se com seus pais.

Chamado Para Liderar e Guiar

Nós lideramos com uma atitude de servo em nossas casas. Lideramos com um coração humilde e submisso para nossas famílias, sendo ensináveis e abertos à correção. Como maridos, quando liderarmos dessa forma, nossas esposas e filhos seguirão facilmente.

Liderando com um coração e atitude humilde

Não permita que o orgulho, arrogância, egoísmo, ou falta de educação tenha ter qualquer acesso a sua casa. Você é o "porteiro", e decide o que entra em sua casa. Se agir com orgulho e arrogância, você abriu a porta para que esse espírito entre e cause estragos em sua família. Se deseja que seus filhos tenham corações humildes, você precisa de liderar em humildade, submissão, amor e respeito. Lidere exibindo autocontrole e autodisciplina em sua própria vida.

Você é o modelo para que seus filhos tenham a atitude de um servo e honrem sua mãe. As crianças são influenciadas mais pelo que você faz do que pelo que você diz. Eles aprendem principalmente pelo que você é e particularmente da maneira como trata sua esposa e fala com aqueles ao seu redor. Seu comportamento em casa é o que mais influênciará suas crianças.

Em seu lar é que começa a sua atitude de servo, então procure ajudar com tarefas diárias. Lave os pratos, limpe a casa, corte a relva e sirva sua esposa e família. Em todas as oportunidades, inclua as crianças; faça com que estes momentos juntos sejam divertidos para que consigam aprender a ter nisto uma atitude certa. Somos nós que somos chamados a liderar. Não podemos esperar que nossas esposas liderem ou que nossos filhos de alguma forma encontrem seu próprio caminho na vida.

Precisamos definir e manter a direção de nossas famílias, liderada pelo Espírito Santo. Deixe-me também afirmar que estabelecemos direção para nossas famílias em consulta com nossas esposas. Este não é apenas o homem indo em frente e fazendo o que "entende". Estamos caminhando lado a lado com nossas esposas, então discutimos assuntos: "O que acha, querida? Isto é o que eu acho que Deus está me dizendo sobre mudar certas coisas em nossa família. Como vê isto?" Pode ser preciso mudar de casa ou de tomar uma decisão a respeito de suas crianças. Seja qual for o problema, fale com sua esposa. Se não entrarem em acordo, consulte com seu pastor ou um líder espiritual que você respeita para que possa receber o coração e a sabedoria de Deus.

Liderando na Definição de Prioridades

As coisas a que damos tempo e atenção em nossas famílias determinam onde vamos acabar. A televisão é um exemplo de algo que ocupa muito tempo em nossas famílias. As estatísticas mostram que a criança em média gasta um tempo elevadissimo assistindo a televisão durante a semana. A verdade é que os maridos e as esposas passam a maior parte do seu dia fora de casa. Muitas crianças chegam da escola mais cedo e ligam a televisão. O que influenciará mais seus valores e moral: o pai que passa cinco minutos por dia com seus filhos ou a televisão a que assiste seis horas por dia? Acredite, a maior influência virá do aparelho de televisão. Os pais então perguntam por que seus filhos começam a se tornar agressivos e rudes, ou até mesmo começar a jogar jogos sexuais.

Isto levanta a questão se mães de crianças pequenas deveriam trabalhar o dia todo. A maternidade é um dos papéis mais importantes que uma mulher tem. Eu pessoalmente acredito que deve confiar em Deus financeiramente para permitir que sua esposa esteja em casa durante os anos de formação do desenvolvimento de seus filhos.

Lembro-me de ver televisão uma noite com o meu filho de cinco anos, que normalmente ia para a cama às sete horas. Havia violência e tiroteio acontecendo, e a música não era muito boa. Ele disse: "Pai, eu não gosto desta música. Não gosto deste programa de TV." Eu disse: "Não, Brett, não pode assistir a isso. Vai rapidamente ter com sua mãe e de seguida para a cama. Eu irei ter consigo logo que houver uma pausa para anúncios."

Quando ele saiu, o Espírito Santo me disse: "Você cometeu um grande erro esta noite, dizendo ao seu filho que *ele* não pode assistir a este programa indesejável, mas *você* pode!" Se meu filho não podia assistir ao programa, então eu não deveria estar assistindo também! Como eu disse, as crianças aprendem mais com o que faz, do que com o que você diz que não devem fazer!

Então decidimos como uma família que tudo o que assistimos na televisão, assistiríamos juntos. Se não pudéssemos vê-lo juntos, porque era inadequado para os nossos filhos, então certamente não era adequado para nós. Sabe, isso realmente trouxe bons resultados para nossa família. Quando os nossos filhos eram mais crescidos, Lindah e eu, por vezes, saíamos à noite, e nunca tivemos que dizer aos nossos filhos que programas podiam ou não assistir. Eles faziam uma escolha de acordo com os nossos valores, e se algo não estava certo, desligávam. Eles desenvolveram um auto-domínio, que tem sido muito gratificante para nós.

Precisamos de dar atenção aos convívios em família, seja jantar juntos ao redor da mesa, ir em piqueniques ou levar nossos filhos para aventuras. Juntos fizemos coisas incríveis, como caminhar por trilhas de montanhas, descendo rios e acampar. Algumas aventuras têm sido um desafio para mim, pois gosto dos meus confortos caseiros, em vez de acampar em terreno duro! Juntos tivemos muitas ocasiões incríveis, recordações que ficaram para a minha família.

Isto pode ser muito controverso, mas eu acredito que precisamos de questionar nossos valores com respeito ao álcool em nossos lares. Quero tocar neste assunto mesmo correndo o risco de perturbar muitas pessoas. Muitos homens perguntam: "O que diz a Bíblia sobre o álcool?" Há algumas excelentes Escrituras na Bíblia sobre o abuso de álcool, mas o meu próprio testemunho é que houve um momento em minha vida em que percebi que o álcool estava prestes a destruir a mim e à minha família. O Espírito Santo me convenceu a parar. Decidimos que não teríamos álcool em nossa casa. O uso excessivo de álcool está causando devastação no mundo. Uma grande percentagem de todos os problemas domésticos, acidentes rodoviários e problemas de abuso conjugal e infantil, de alguma forma, estam ligados ao abuso de álcool.

"Ai dos que se levantam pela manhã e seguem a bebdice, e continuam até alta noite, até que o vinho os esquenta" (Isaías 5:11 RSV).

"Ai dos que são heróis para beber vinho, e valentes para misturar bebida forte" (Isaías 5:22 RSV).

É uma tragédia quando vemos o resultado do abuso de álcool na sociedade. Fui profundamente condenado por tomar uma posição. Fui então desafiado por pessoas a apresentar as minhas crianças ao álcool. Três bebidas podem não causar algum problema para você, mas não sabemos se *uma só* bebida será demais para nossos filhos e filhas. Para um alcoólatra, um gole é demais! Eu não podia correr esse risco com meus filhos. Fui criticado pela minha convicção e posição, mas foi uma escolha que fiz.

Quando meus filhos se tornaram adultos, eles escolheram viver suas vidas como lhes ensinei. Um dos homens que me criticou veio até nós anos depois, quando seu primeiro filho completou dezesseis anos, e nos disse que tinha um grave problema: seu filho não estava apenas fortemente envolvido em álcool, mas também em drogas.

Meus filhos estiveram no exército, e viajaram pelo mundo, portanto não são puritanos. Eles decidiram enfrentar o que poderia destruir suas vidas e famílias. Senti-me levado a partilhar o meu próprio testemunho e convicção sobre esta questão. Exorto-vos que diante de Deus peçam por si e sua família.

Muitos de vocês podem pensar, *Uau, amigo, eu falhei em tantas áreas!* Quero dizer-lhe que Deus não está aqui para condená-lo. O importante não é tanto aonde está agora, mas onde estará daqui a doze meses. Qual será o estado do seu casamento e filhos daqui a um ou dois anos? Temos de nos comprometer a dar mais atenção às principais prioridades das nossas famílias e estar dispostos a adaptar o nosso estilo de vida onde algumas coisas necessitam ser mudadas.

Por favor, tire algum tempo para escrever qual as prioridades que precisa ajustar em sua vida e família.

Chamado para Proteger e Providenciar

Quero me concentrar em duas características de Deus que nos dão estabilidade, paz de espírito e proteção. Na Bíblia, Deus é descrito como um Deus de *amor inabalável* e *fidelidade*, duas características que devem ser encontradas em nossas vidas também. Inabalável significa ser firme, estável, seguro, confiante e consistente no amor e emoção. Não há nada mais perturbador para uma família do que se relacionar com um homem que é inconsistente em sua atitude emocional. Precisamos ser consistentes em nosso amor e emoções, ser carinhosos, afetuosos, gentis e protetores de nossas esposas e filhos — emocionalmente, espiritualmente e fisicamente. Nossos filhos precisam de saber que quando se aproximam de nós não vão encontrar uma atitude ardua e agressiva, mas sim um pai cujo amor é consistente. Talvez tenhamos que disciplinar ou corrigir, mas eles nunca duvidarão da consistência e quão inabalável é o nosso amor.

Precisamos refletir o coração fiel de Deus que diz: "de maneira alguma te deixarei nunca jamais te abandonarei. (Hebreus 13:5 NLT). A promessa de Deus para nós é que Ele está comprometido conosco. Ele é o nosso baluarte em que podemos depender.

Muitos casais vêm até mim com o casamento desfeito. Muitas vezes, o marido afirma continuamente que ele não mais a pode suportar e quer abandonar o casamento. Este tipo de declaração é devastadora. Um marido honrável não deve dizer à sua família que vai abandoná-los e não vai voltar. Um marido empenhado em ser fiel diz: "Eu serei o seu forte apoio. Você pode depender de mim." As crianças querem ter um pai em quem podem depender, um pai presente acompanhando seu crescimento.

História de Natal

Recentemente ouvi a história de um menino de cerca de dez anos de idade, que foi colocado num lar de crianças, porque seu pai tinha deixado a família. Sua mãe, tendo se voltado para o álcool para se confortar, não conseguia criar e cuidar de seu filho, por isso foi colocado num lar de crianças. No final do primeiro ano, estava animado, porque pensou que estava prestes a voltar para sua própria casa para o Natal. Sua mãe veio para uma entrevista com os líderes do lar e lhe foi dito que seu filho não estava bem na escola ou socialmente. Então disseram ao menino: "Você não pode regressar a casa para o Natal. Se você melhorar, talvez possa ir para casa no próximo Natal."

Que tragédia dizer ao rapaz que ele não ia para casa. Uma criança de dez anos não consegue compreender as circunstâncias que o impediriam de estar em casa no Natal. Esse garoto só queria estar com o pai e a mãe. Ele precisava de um pai que pudesse confiar.

Este tipo de situação é totalmente inaceitável. Temos que nos levantar e nos tornar homens. Nossas famílias merecem pais que mostrem amor inabalável e fidelidade. Não precisamos ser "super pais", e não precisamos ser os pais mais ricos, mas podemos ser fiéis e dar às nossas famílias o amor de que precisam.

Como homens, também recebemos uma graça especial de Deus para sustentar o alimento espiritual, emocional e físico de que as nossas famílias precisam. Deus é a nossa fonte; somos o canal para libertar fielmente a bênção de Deus sobre nossa família. Devemos confiar em Deus pela sabedoria, talentos e habilidades que nos ajudarão a providenciar diariamente. Devemos também comprometer-nos a melhorar as nossas competências e a desenvolvermo-nos constantemente, a fim de prover financeiramente. Deus recompensa o trabalho duro e a fidelidade.

Discípulando Nossos Filhos em Honra

Para mim, um dos princípios mais poderosos do reino na Bíblia é encontrado em João 17:22. "Eu lhes tenho transmitido a glória que me tens dado, para que sejam um como nós somos; eu neles e tu em mim, a fim de que sejam aperfeiçoados na unidade, para que o mundo conheça que tu me enviaste, e os amaste como também a mim (João 17:22-23 AB).

Aqui vemos uma gravura do Filho, Jesus Cristo, reconhecendo a honra que Ele recebeu de Seu Pai e afirmando que Seu coração está agora a passar essa honra para os que iriam recebê-lo. Este é um princípio poderoso. O Pai homenageia o Filho, que por sua vez escolhe honrar o

Pai em e através de Sua vida. Ao escolher dar a sua vida para pagar o preço pelo pecado, Jesus estava de fato escolhendo, em primeiro lugar, honrar o Pai e, segundo, honrar-nos. Sua missão na terra era tomar nossa vergonha — a vergonha que tinha vindo sobre a humanidade quando Adão e Eva desobedeceu a Deus ao pecar no jardim — e restaurar a nossa glória e honra.

Quando damos nossas vidas a Jesus, arrependemos-nos do nosso pecado e aceitamos-no como nosso Senhor e Salvador, somos libertos da vergonha e restaurados a uma posição de honra com o Pai. Discípulado, em seguida, desenvolve o nosso caráter em Deus e nos atrai para uma intimidade cada vez mais profunda com o Pai.

Este, então, é o nosso chamado como homens de honra: *criar nossos filhos de uma forma que impute a própria honra de Deus sobre eles, vê-los livres da escravidão da vergonha do mundo e levá-los a viver na revelação e no poder de honra. Fazemos isto através do discípulado de Deus, e discípulado envolve assumir um estilo de vida perante Deus, trazendo correção e disciplina quando for necessário.*

"Ora, na nossa vida contra o pecado, ainda não tendes resistido até ao sangue, e estais esquecidos da exortação, que, como a filhos, discorre convosco: Filho meu, não menosprezes a correção que vem do Senhor nem desmaies quando por ele és reprovado; porque o Senhor corrige a quem ama, açoita a todo filho a quem recebe'" (Hebreus 12:4-6 NIV).

Infelizmente, muitas crianças foram corrigidas e disciplinadas de forma ímpia que resultaram em vergonha e relacionamentos quebrados. Vamos então, estabelecer uma fundação básica de como nós, como homens de honra, devemos criar nossos filhos.

Correção e Disciplina

Os novos princípios da aliança com Deus como amor, aceitação, graça, misericórdia e perdão são baseados no valor e na intimidade do relacionamento. É assim que Deus se relaciona connosco, e devemos mostrar isto para com nossos filhos.

"No amor não existe medo; antes o perfeito amor lança fora o medo. Ora o medo produz tormento, logo aquele que teme não é aprefeiçoado no amor." (1 João 4:18 NIV). Acredito que raiva, intimidação, medo, controle e punição sempre violarão a confiança e intimidade de relacionamento e nunca resultarão em verdadeiro e divino autogoverno.

Precisamos criar os filhos com moral divina e ajudá-los a desenvolver um domínio próprio baseado na honra, respeito, integridade, fidelidade e caráter. Não fazemos isso através do medo e controle, mas através de desenvolver a sua compreensão do dom de escolha e consequência, liberalmente dado por Deus.

As crianças devem aprender a assumir a responsabilidade por suas escolhas e as consequências que resultam delas. Elas precisam entender que escolhas erradas as machucam como também as pessoas que amam e em quem confiam, enquanto escolhas de acordo com Deus resultam em bênção, honra, respeito e intimidade. Nosso papel é ajudá-las a aprender como mudar de comportamento, a passar da irresponsabilidade do egoísmo para responsabilidade de escolhas altruístas. Logo seu desejo e necessidade de honra, respeito e intimidade será mais forte do que a irresponsabilidade dolorosa de escolhas egoístas.

Somos chamados a treinar nossos filhos em caráter de Deus através do amor e discípulado. Nunca devemos permitir que nossa própria frustração e raiva entrem em erupção em gritos e abuso verbal. A disciplina não é abusiva ou desonrosa. É treinar e guiar nossos filhos com correção amorosa, levando-os à santidade.

Maturidade e caráter de Deus podem ser incentivados através da afirmação positiva e recompensas e de papéis exemplares de pai e mãe, treino em raciocínio sólido, compreensão e experiência das consequências das escolhas, e desenvolvimento da responsabilidade.

Antes de impor disciplina e correção, precisamos avaliar o estado emocional da criança. Ele está sendo travesso porque está com fome, cansado, frustrado, ou precisa do nosso foco emocional? Ele tem uma fralda molhada? Precisamos atender a essas necessidades primeiro. Talvez a distração atravez da brincadeira desvie sua atenção dos estímulos negativos e difunda a situação. Eu descobri que pegar numa criança frustrante e mesmo gritando e levá-la a caminhar no jardim para sentir as flores, as árvores, e a natureza restaura rapidamente a normalidade e a estabilidade emocional.

Uma ferramenta eficaz para ajudar as crianças a se refrescar e considerar seus caminhos involve um momento de *pausa*. Para as crianças mais novas, isso pode significar sentar-se numa designada área nas proximidades da família. Uma pausa de cerca de um minuto para cada ano de idade. Para as crianças mais velhas, pode ser um curto período de tempo sozinho em seus quartos com a porta aberta. O tempo de pausa precisa ser seguido com um pedido de desculpas e restauração de convivio em família.

Eu não acredito em trancar as crianças em um quarto e dizer-lhes que lá iram ficar até que aprendam a se comportar! Isso é abusivo e humilhante. A Palavra de Deus diz que se pecarmos e confessamos nossos pecados ao Senhor, Ele é fiel e justo para nos perdoar e nos purificar de toda a injustiça. É um princípio que nós, como pais, precisamos refletir e mostrar aos nossos filhos. Quando está terminado, está acabado!

Então, corrija seus filhos, ore com eles, chore com eles e os restaure em companheirismo e relacionamento com a família. Precisamos nos envolver e ensinar nossos filhos a lidar com a raiva, frustração e conflito de uma forma piedosa. O objetivo é que sejam guiados pelo o Espírito em vez de serem guiados pelas emoções.

Sua criança não precisa de ser disciplinada por quebrar um ornamento, por acidente, que se encontrava em cima da mesa. No entanto, quando você diz: "Não toque" ou "venha jantar que estou a chamar", e é repetidamente ignorado, isso se trona em desobediência intencional. É quando precisamos de uma correção piedosa. Tendo usado estes princípios em sua parentalidade, há momentos em que a desobediência e rebelião contínue, então pode ser preciso abordar de maneira mais decisiva para ajudar seu filho a desenvolver um dominio proprio. Então, temos de abordar a questão da palmada.

(Provérbios 22:15 RSV) "A estultícia está ligada ao coração

da criança, mas a vara da disciplina a afastará dela." Há muita controvérsia sobre este tema que eu não posso resolver em poucas linhas. No entanto, se sente convicto a usar este método, sugiro as seguintes diretrizes.

Pessoalmente acredito que esta forma de disciplina deve ser usada com grande sensibilidade e em raras ocasiões e apenas uma vez que seu filho atingiu uma idade de compreensão da diferença entre o certo e o errado – o que estamos tentando ensinar-lhes é que as escolhas têm Consequências. A percepção e capacidade de possuir suas escolhas, ajuda as crianças a amadurecer. A opção de uma surra deve ser suficiente para chamar a atenção e a cooperação do seu filho. Dar às crianças escolhas em vez de uma ameaça ou ultimato ajuda a fortalecer sua capacidade de tomar decisões sábias.

- Deixe-me enfatizar isso: nunca corrija seu filho com raiva, isso resultará em vergonha e não honra.
- Leve seu filho para um lugar privado, por exemplo, o banheiro. Nunca bata em um lugar público ou na presença de amigos ou familiares. Isso levará ao constrangimento e vergonha.
- Tire tempo para se acalmar, orar e ouvir Deus sobre a situação.
- Explique ao seu filho o que ele fez para que entenda as implicações de suas ações.
- Nenhum instrumento deve ser usado para espancar que possa causar algo além de um suave incómodo físico. A imposição da dor não deve ser sua intenção. Qualquer forma de disciplina física que resulte em vergões e hematomas é abusiva, inaceitável e ímpia.

O objetivo não é obtido através da gravidade da correção. É simplesmente destinada a ganhar a atenção do seu filho e dar-lhe a compreensão de que há uma consequência para rebelião e desobediência intencional.

- Outra opção é espancar seu filho no rabo usando a sua mão. Só uma vez deve ser necessário. Desta forma, seus sentimentos estão mais ligados ao modo como você se identifica com o desconforto deles. Ao dizer isso, devemos estar cientes de que nossas mãos representam amor, compaixão e proteção. Queremos que nossos filhos saibam que sempre podem correr em nossos braços para encontrar refúgio, conforto e aceitação. Desta forma, refletimos o coração do nosso Pai celestial.
- Nunca deve de bater a seu filho em qualquer outra parte de seu corpo, isso fará com que eles se sintam envergonhados, rejeitados e abusados.
- Depois, segure-os e tranquilize-os de seu amor.

Seu objetivo é desenvolver em eles um caráter de Deus apresentando a escolha e a consequência associada com misericórdia, graça, compaixão, perdão, aceitação e honra.

Deixe-me também enfatizar que gritaria, insulto e crítica constante é desvalorisante, humilhante e emocionalmente abusivo. O resultado é vergonha e um ferimento no coração e identidade.

N.B. Os pais que se relacionam uns com os outros desta forma não devem se surpreender quando seus filhos seguem esse padrão. Você precisa ser um modelo piedoso que eles possam seguir.

Mantenha esta exortação Bíblica diante de você diariamente.

"E vós Pais, não provoqueis vossos filhos à ira, mas criai-os na disciplina e na admoestação do Senhor". (Efésios 06:4 AMP)

Estágios de Desenvolvimento

- Do nascimento à idade de cerca de onze anos, damos instruções claras e decisivas aos nossos filhos. Há absolutos em casa, coisas que eles podem e não podem fazer. As crianças precisam aprender a obedecer a essas coisas.
- Após a idade de doze anos, você passa a treinar seu filho ou filha a assumir seus valores dados por Deus para ajudá-los a aplicar o domínio próprio e responsabilidade em suas vidas. É a libertação lenta e sábia de limites impostos na liberdade de maturidade responsável e piedosa.
- Durante este tempo você deve construir sua confiança através da amizade, atividades divertidas, desporto, e ajudá-los a superar seus desafios na vida. Desta forma, ensina-lhes auto-determinação, ganha seus corações, e prepara-lhes para a vida.

Finalmente, qual a última vez que elogiou seu filho? As crianças precisam de aceitação, compreensão, ternura e compaixão - não apenas disciplina. Muitos pais concentram-se nos defeitos de seus filhos o dia inteiro. Nossos filhos precisam de nosso louvor e encorajamento, e principalmente precisam de nós para honrá-los e abençoá-los.

Foi-nos delegada uma autoridade como maridos e pais para dar uma bênção aos nossos filhos e capacitá-los a cumprir o seu destino em Deus.

Oro para que você receba Graça de Deus para ser um pai em que seus filhos possam confiar e deliciar - um *pai de honra* que divulge para seus filhos o coração do Pai Celestial.

Hora de levantar a bandeira

Reflexão pessoal

1. Considere as seguintes áreas-chave do nosso mandato:
    * Para dar a bênção de Deus de geração em geração.
    * Para liderar e orientar
    * Para proteger e fornecer
    * Para treinar no caráter de Deus

2. Você tem sido um exemplo de um homem de honra? Liste as áreas em que está a lutar e precisa mudar. Comece arrependendo-se a Deus e a seus filhos.

3. Liste as áreas em que está a ter sucesso.

4. Que prioridades precisam de atenção em sua família? Faça uma lista e converse com a sua esposa.

Pontos para discussão

1. O papel da liderança dos servidores em uma família

2. Definição de prioridades para uma família neste mundo preocupado

3. Formas de ser e transmitir "a bênção" às nossas famílias

4. Maneiras de se divertir como uma família

5. Orem um pelo outro

Capítulo 10

Homens de Um Espírito
Diferente

Números 13 e 14 são provavelmente duas das passagens mais significativas e inspiradoras, mas trágicas, da Bíblia. Moisés tinha levado os Israelitas através do deserto, enfrentando muitos desafios ao longo do caminho, principalmente por causa da atitude rebelde do povo. Agora eles tinham vindo para o rio Jordão, e a Terra Prometida estava do outro lado.

Em Números 13:2, Deus disse a Moisés para enviar doze homens, um líder de cada tribo, para espiar a terra *que Ele estava dando* aos filhos de Israel. Observe as palavras, *que Ele estava dando*. Esta Escritura não diz a terra que Ele lhes *poderia* dar, mas que ele *já tinha decidido* dar-lhes. Isto é vital para a história. Muitas vezes não sabemos as promessas de Deus para nossas vidas, e facilmente entramos em dúvida e desespero, neutralizando a capacidade de Deus para manisfestar-se em nossas vidas.

Os espiões voltaram com um cacho de uvas tão grande que tiveram que carregá-lo suspenso em um poste por dois homens. Em números 13:27 eles relataram: "Fomos à terra a que nos enviaste; e verdadeiramente mana leite e mel, este é o fruto dela." Imagine a cena: eles estão rindo e animados enquanto exclamam: "Ei, pessoal, confira isso. Está além dos nossos sonhos mais loucos!" Eles tinham sido escravos no Egito e tinham vagado por o deserto, e agora viram a Terra Prometida com todos os seus frutos e bênçãos.

No entanto, no versículo 28 eles não gritaram: "Deus nos deu tudo isso". Em vez disso, eles disseram: "O povo, porém, que habita nessa terra é poderoso, e as cidades muito grandes e fortificadas; também vimos ali os filhos de Enaque." *Porém*, é um grande *mas*, trazendo dúvida e contradição às promessas de Deus. "*Sim*, ouvimos o que Deus disse, *mas* vimos quão grande eles são?"

Agora lemos sobre a interação entre dois grupos de homens. Um grupo era controlado pela vergonha e desonrou Deus com sua dúvida e incredulidade, enquanto Josué e Calebe responderam como homens de honra. Eles confiaram em sua "posição" em Deus e estavam prontos para tomar a montanha, levantar a bandeira e estabelecer um elevado padrão moral. Vamos ler juntos a partir do versículo 30.

"Então Calebe fez calar o povo perante Moisés e disse: Eia! Subamos, e possuamos a terra, porque certamente prevaleceramos contra ela." (Números 13:30 NLT). Algumas traduções dizem: "Somos *bem* capazes de conquistar a terra".

Tenho certeza de que Calebe não acreditou o que estava a ouvir do povo. "Ei, pessoal, vocês não se lembram do que vimos? Olhem para as uvas! Vamos de uma vez. Não vacile. Somos *bem capazes* de conquistar." Em *Strong's Concordance*, H 3201, a palavra *capaz* usada neste versículo significa "ter o poder e a capacidade de prevalecer ou ter sucesso".

Calebe tinha visto os mesmos gigantes e cidades fortificadas. *A fé não nega a realidade das dificuldades; declara o poder de Deus diante do problema.* Honra o fato de que Deus criou o universo e agora habita em nós para estabelecer Seu reino na Terra. Homens de honra confiam e acreditam em Deus enquanto respondem a Seu chamado em suas vidas. Infelizmente, os outros espiões tinham mais a dizer.

"Porém os homens que com ele tinham subido, disseram: 'Não poderemos subir contra aquele povo, porque é mais forte do que nós!' Então espalhou-se este mau relatório sobre a terra entre os Israelitas: 'A terra pelo meio da qual passamos a espiar, é terra que devora seus moradores; e todo o povo que vimos nela são homens de grande estatura. Também vimos ali gigantes (os filhos de Enaque são descendentes de gigantes), e éramos aos nossos próprios olhos como gafanhotos, e assim também o éramos aos seus olhos.'" (Números 13:31-33 NLT).

Ao lado desses gigantes, os espiões se sentiam e se viam como gafanhotos, e porque se viam como gafanhotos, as pessoas da terra também pensavam neles como gafanhotos. Se você se referir a alguém como um gafanhoto inútil, tenho a certeza que se vai dar mal. Mas estas pessoas se chamavam gafanhotos *a si mesmas*, depois de tudo o que tinham visto Deus fazer por eles.

Podemos ler isto com espanto, mas não será que também nos retiramos de oportunidades ou desafios porque achamos que são intransponíveis e somos insignificantes? Faça uma lista agora das oportunidades que estão diante de você, e os motivos que deu para não abraçá-las.

Você se vê como fraco e incapaz de superar, por qualquer motivo? Ou acredita que em Deus você é bem capaz de realizá-los?

E Josué, filho de Num, e Calebe filho de Jefoné, dentre dos que espiaram a terra, rasgaram suas vestes e falaram a toda a congregação dos filhos de Israel, dizendo: "A terra pelo meio qual passamos a espiar é uma terra muitissimo boa! Se o Senhor se agradar de nós, então nos fará entrar nessa terra, e no-la dará: terra que mana leite e mel. Tão-somente não sejais rebeldes contra o Senhor, e não temais o povo dessa terra, porquanto como pão os podemos devorar; retirou-se deles o seu amparo; o Senhor é conosco; não os temais!'" (Números 14:6-9 NLT).

Em outras palavras, eles imploraram: "Ouçam pessoal. O Senhor disse que nos dará esta terra. Não tenham medo, e o mais importante, não nos rebelemos contra o Senhor!"

Romanos 14:23b (RSV) diz: "Tudo o que não procede da fé é pecado." Quando permitimos que o medo, o ressentimento, a insegurança ou qualquer coisa que nos impeça de confiar e obedecer a Deus, estamos nos rebelando contra Ele, e isso é pecado.

A questão é esta: o que é que escolhe ver e acreditar? Você pode ter um problema de casamento ou um vício. O problema parece enorme, mas Deus diz que se nos submetermos a Ele, Ele nos dará a graça e capacidade de superar. Ele quer abençoá-lo, isso não é posto em debate, assim sendo por que não está confiando Nele e alcançando a sua "terra prometida?"

Infelizmente, os espiões convenceram o povo de Israel de que não podiam superar, então recuaram com medo e se rebelaram contra Deus. "Ora, quais os que, tendo ouvido, se rebelaram? Não foram, de fato, todos os que sairam do Egito por intermédio de Moisés? E contra quem se indignou por quarenta anos? Não foi contra os que pecaram, cujos cadáveres caíram no deserto? E contra quem jurou que não entrariam no Seu descanso, senão contra os que foram desobedientes? Vemos, pois, que não poderam entrar por causa da incredulidade." (Hebreus 3:16-19 NKJV).

Eles não entraram na terra que tinha-lhes sido prometida por causa da incredulidade, o que na realidade significa *que não confiavam em Deus.*

Quando não confiamos em Deus, neutralizamos Seu poder e graça e os impedimos de trabalhar em nossas vidas. Conhecemos o Seu coração, mas não confiamos Nele. Na verdade, estamos então confiando em nosso medo, insegurança e vergonha.

Deus estava muito irritado com os Israelitas e queria acabar com eles. Moisés implorou a Deus que os perdoasse. Deus concordou, mas decretou que nenhum dos que se rebelaram entraria na Terra Prometida. Só Josué e Calebe entrariam na terra.

"Porém meu servo Calebe, visto que nele houve outro espírito, e perseverou em seguir-me, eu o farei entrar a terra que espiou, e a sua descendência a possuirá. (Números 14:24 RSV). Deus reconheceu que Calebe tinha uma atitude diferente: ele via a grandeza de Deus, não a grandeza do problema. Ele confiou totalmente nas promessas e capacidade de Deus dentro dele para ajudá-lo a superar. Portanto, Deus disse que Calebe e Josué herdariam e entrariam na Terra Prometida.

Homens de honra são homens de um espírito diferente. Isso não quer dizer que eles têm um espírito diferente do Espírito Santo. Pelo contrário, têm uma atitude diferente e um desejo extraordinário de acreditar e confiar em Deus. Eles sabem que foram chamados e recomendados por Deus para serem sacerdotes no Espírito, governantes no natural e guerreiros que estabelecem o reino de Deus na terra. Eles são nomeados e ungidos no poder e autoridade de Deus, mas eles andam de coração submisso aos por quem são responsáveis. Eles provaram ser mordomos fiéis e leais dos dons e do chamado de Deus sobre suas vidas, e servem no corpo de Cristo para alcançar a plena medida de Cristo e a unidade entre todos no Espírito.

Homens de honra lutarão lado-a-lado com seus irmãos para honrar a Deus e manter a moral elevada na sociedade. Eles vão levantar a "bandeira de honra" nos topos das montanhas de cada estrutura da sociedade, cada esforço do homem, e cada tribo e nação. Eles defenderão o valor do casamento santo e da família como a fibra coesa da estrutura da sociedade para garantir provisão, proteção e bênção para todos. Eles caminharão relacionalmente no amor, aceitação, misericórdia e perdão. Eles defenderão a justiça e a integridade e caminharão com humildade, servidão e verdade em todas as coisas.

Há terras prometidas diante de você, e não há tempo para as espiar. *Agora é a hora de se levantar como um homem de honra, alistar-se no exército de Deus, e tomar a terra.*

"Tu és o mais formoso dos filhos dos homens; nos teus lábios se extravassou a graça: por isso Deus abençoou-te para sempre. Singe a espada no teu flanco, herói, singe a tua glória e a tua majestade! E nessa majestade cavalga prosperamente pela causa da verdade e da justiça: e a tua destra te ensinará proezas." (Salmo 45:2-4 NLT).

Oro para que, ao inclinar a sua cabeça agora, confesse a soberania de Jesus em sua vida, você será "transformado em outro homem", ungido e fortalecido pelo Espírito Santo com esse *espírito diferente*, para se tornar um homem superador, vitorioso e honrável. Deus te abençoe.

Para Sua glória,
Drummond Robinson

Hora de levantar a bandeira

Reflexão pessoal

1. Reflita sobre o que está o impedindo de responder às oportunidades que Deus colocou diante de você.

2. Arrependa-se a Deus se o medo, a dúvida, a rejeição ou outros inimigos o têm impedido da sua "Terra Prometida".

3. Reflita sobre o parágrafo intitulado: "Homens de honra são homens de um espírito diferente".

4. Ao entregar sua vida a Deus, peça-lhe que respire de novo sobre você e mude seu coração.

Pontos para discussão

1. Compartilhe as situacões em que você lutou ou mesmo falhou, assim como fizeram os espiões de Israel. Orem um pelo outro e comprometam-se a escalar as montanhas lado-a-lado para que estabelecam o elevado padrão moral.

2. Para ser um homem de honra com um espírito diferente, precisamos de ouvir a voz de Deus. Falem como pode se desenvolver nesta área através de:

- Lendo a palavra
- Meditação
- Anotando em um diário
- Tempos de silêncio
- Jejum
- Oração
- Comunhão

3. Leia os apêndices. Falem sobre como podem começar um grupo de "Regimento de honra" em sua área. Planeje uma estratégia para convidar outras pessoas para se juntar a você e determine quais as áreas de começo a realizar uma diferença em sua comunidade.

Apêndice 1

Promessa da "Aliança de Honra"

Jesus Cristo deu sua vida para "conquistar Sua montanha e erguer a bandeira" que estabeleceu o elevado padrão moral da justiça, da verdade e do amor pela humanidade. Sua aliança conosco transforma a nossa escravidão do pecado e vergonha em justiça e honra, restaurando a nossa filiação com o Pai.

Se está disposto a cometer-se em resposta à honra que Jesus Cristo nos deu, com a ajuda do Espírito Santo, por favor, assine o seguinte juramento:

1. Viva sua vida como um homem de honra em total rendição a Jesus Cristo como Seu Senhor e Salvador.

2. Lute lado-a-lado com seus irmãos para conquistar a montanha, levantar a bandeira e estabelecer um elevado padrão moral para Deus e sua família.

3. Honrar a aliança do casamento, amando sua esposa de forma sacrificial e incondicional, estabelecendo uma ambiente de honra em sua casa.

4. Honrar sua responsabilidade como pai, transmitindo "a bênção" de Deus aos seus filhos, liderando-os com um coração humilde e amor inabalável e fidelidade em seu destino e propósito.

5. Ande na integridade e na verdade como um guardião da confiança financeira sobre qual Deus lhe colocou.

6. Sirva os propósitos de Deus à medida em que passa de sucesso para significado tendo impacto no seu mundo.

7. Seja um homem de "espírito diferente", respondendo na fé à comissão de Deus para ser um guerreiro, estabelecendo o reino de Deus na terra.

8. Honre e estabeleça valor, importância e dignidade na vida das pessoas com quem você lida.

9. Honre o planeta que Deus nos confiou, tomando o cuidado responsável e o uso de seus recursos.

10. Ande digno do chamado que Deus colocou em sua vida.

_______________________ Assinado   _______________________Data

_______________________ Testemunha

Apêndice 2

Regimentos de Honra

Como mencionei na introdução, reconheço os muitos homens que corajosamente deram suas vidas para salvar os outros. No entanto, no contexto deste livro, quero destacar os homens que foram posicionados em honra através da sua rendição e relacionamento com Jesus Cristo. Esta honra não se dirige à fama ou ao privilégio, mas à importância e ao valor.

O importantissimo é que trata-se de homens que, através de suas vidas e conduta, estabeleceram e aumentaram o valor, e dignidade da vida daqueles com quem se relacionaram. Esses homens também se deram ao estabelecimento e proteção de valores santos e morais em todas as estruturas da sociedade. Eles encontraram nestes propósitos uma razão para a vida, e se necessário, por qual morreriam.

Tenho um sonho de ver grupos de "Homens de Honra" formados e operando como "Regimentos de Honra", onde os homens se encontram, possivelmente uma vez por mês, não só para a comunhão, mas para informar-se de que forma estão defendendo a "bandeira de honra" nas várias áreas de suas vidas. Especificamente, conversaram de como estão mantendo o elevado padrão moral em áreas de:

- Valores morais
- Integridade e verdade
- Honestidade e fidelidade no que diz respeito a:

- Sua caminhada pessoal com o Senhor em seus pensamentos, palavras e ações
- Seu papel como maridos
- Seu papel como pais
- Seus negócios, carreira ou local de trabalho
- Sua função e responsabilidade na igreja

Durante esses curtos períodos juntos, os homens podem conversar de questões que estão enfrentando, tais como:

- Escolhas que eles fizeram ou precisam fazer
- Batalhas mentais ou emocionais que estão enfrentando

Esta é também uma oportunidade para se encorajar e apoiar uns aos outros e de se responsabilizar uns pelos outros. Isso pode significar ajudar um amigo a chegar ao topo de sua "montanha".

Eu comecei um site na internet de "Homens de Honra", onde boas notícias e testemunhos podem ser divulgados como incentivo para outros. Vários grupos podem ser listados por área no site, para que outros possam ter acesso.

Bandeiras / Sinalizadores

Nós projetamos uma "bandeira" desktop como um lembrete para que se mantenha fiel à chamada. Talvez possa ser um ponto de discussão ao passar esta mensagem para os outros. Por favor, obtenha a sua bandeira em nosso site, ou e-mail info@menofhonor.co.za.

Finalmente, deixe-me confiar-vos esta passagem das Escrituras: "Tu, pois, filho meu, fortifica-te na graça que está em Cristo Jesus. E o que de minha parte ouviste através de muitas testemunhas isso mesmo transmite a homens fiéis e também idôneos para instruir a outros. Participa dos meus sofrimentos, como bom soldado de Cristo Jesus. Nenhum soldado em serviço se envolve em negócios desta vida, porque o seu objetivo é satisfazer àquele que o arregimentou" (2 Timóteo 2:1-4 RSV).

O que você ouviu de Deus através deste livro, confie a homens fiéis que ensinarão aos outros também.

Se você se sentir liderado por Deus para apoiar esta visão e nosso ministério de qualquer forma, pode visitar o nosso site ministério em www.familytransformation.org.

Envie uma mensagem para: info@familytransformation.org.

Gostaríamos muito de ouvir de você.

Apêndice 3

Recursos de Family Transformation Ministries

Seminários em DVD

Os seguintes cursos em DVD são todos apresentados com manuais dos participantes e material para o líder. Eles são atualmente usados por muitas igrejas em todo o mundo e são uma poderosa ferramenta de divulgação. O ensino completo e apoio são fornecidos.

O Casamento Ungido

Todos desejamos uma intimidade, alegria e realização mais profundas em nossos casamentos. Este seminário de mudança de vida vai lançar uma "unção fresca" para curar, restaurar e capacitar casamentos. Este curso equipa os líderes e poupa horas de aconselhamento.

Atiça a chama

Há sete ingredientes vitais que constroem o amor, o fogo, e a paixão em uma união. Deixar de fora até mesmo um desses ingredientes pode levar ao colapso conjugal. Sessões dinâmicas, divertidas e práticas podem ser usadas em um formato de sete semanas, pequenos grupos ou como um seminário de um dia.

Juntos para sempre

Este curso visa dar a casais comprometidos fundamentos práticos e bíblicos para construir casamentos fortes e cumpridos. Ele também pode ajudar os líderes na preparação de casais para o casamento.

Mulher da Paz

Este é um programa de orientação de quatorze semanas para grupos de mulheres e inclui ensino dinâmico, atividades criativas, participação em grupo interativo e ministério. Destina-se a criar as mulheres para se tornarem "guerreiras da paz" em vez de "preocupadas em pedaços".

Posicionado para a bênção

Este curso ajuda a libertar as pessoas da vergonha, quebra, escravidão e fortalezas e para restaurar e curar as relações familiares. Posiciona as pessoas em bênção para que elas se tornem uma bênção.

Livros de Drummond e Lindah Robinson

Living in God's River of Mercy
7 Secrets to Fan the Flame of Love and Romance in
Marriage Spicing Up Your Marriage (Lindah Robinson)

Mini livros

Two Kingdoms
The Reward Of Honor
Living In Your Miracle

Para encomendar, entre em contato:
Tel/Fax: +27 (0)41 581 8442
E-mail:info@familytransformation.org
www.familytransformation.org

Apêndice 4

Outras Leituras Recomendadas

Dobson, James C. *Bringing Up Boys*. Carol Stream, Ill.: Tyndale House Publishers, 2005.

Silk, Danny. *Loving Our Kids on Purpose: Making a Heart-to-Heart Connection*. Shippensburg,PA.: Destiny Image, 2008.

Apêndice 5

Endossos

Com gratidão do escritório do vice-presidente e Ministério dos Assuntos Internos, O Serviço Penitenciário do Quênia:

A maior coisa que uma família faz pela sociedade é trazer coesão e um sentimento de aceitação àqueles que dela fazem parte. Através do nosso envolvimento com a Nairobi Remand Prison, trouxemos algo que à muito era desejado por os seus presos: um sentimento de que pertencem a algo e a aceitação.

Através do seu envolvimento em vários programas, a vida de ambos os membros da equipe e os detentos foram dados um novo folego de vida e significado geral.

Oramos para que o espírito de boa vontade imbuído em você pelo nosso Criador e Salvador possa continuar a servir-nos e a muitos outros.

Pauline W. Ngara OGW (ACP)
Oficial responsável
Nairobi Rem./ALL. Prison

Do Ministério do Interior e Coordenação do Governo Nacional, Serviço Prisional do Quênia, com respeito aos programas "Homens de Honra" e "Mulheres da Paz" e seu impacto sobre o processo de transformação nas prisões do Quênia:

O programa foi apresentado nas prisões do Quênia no ano de 2010 e, desde então, teve um alto impacto na vida pessoal de ambos os detentos e membros da equipe.

São numerosos os que receberam Jesus Cristo como seu Salvador pessoal, e os detentos que passaram pelo programa foram capazes de se reconciliar com aqueles a quem ofenderam. Esta tem sido uma verdadeira transformação em suas vidas.

Aqueles que concluíram o programa desenvolveram uma atitude positiva em relação à vida. Isso ajudou muito na reabilitação dos detentos e outros.

Muitos casamentos que estavam em colapso foram salvos quando os indivíduos abraçaram os valores cristãos em seu dia-a-dia — especialmente nos relacionamentos dos membros da equipe. Os detentos que realizaram o programa desenvolveram um alto senso de auto-estima por meio da autoaceitação e percepção de que a prisão não é o fim da vida.

Mais de quatro mil pessoas completaram este programa.

R. N. Moturi, MBS
Vice-Comissário de Prisões

"Este é um livro bonito e desafiador para ler. É o que nossa nação precisa neste momento para ter um futuro brilhante e seguro. Mulheres e crianças estão clamando por isto."

Ps. Chris Mathebula -Hope Restoration Ministries

"Conheço Drummond há mais de 50 anos e posso testemunhar da sua integridade e paixão para honrar sua esposa, família e aqueles ao seu redor, eu liderei empresas que empregavam milhares de pessoas e aprecebo-me do impacto que resultaria sobre negócios e a sociedade, se os homens se comprometerem a viver pautados no *código de honra* descrito neste livro."

Terry Rosenberg -Chairman, Oakbrook Investments

"Alguns homens inspiram outors a tornarem-se melhores; Drummond é um homem assim. Eu recomendo com confiança este livro para você, sabendo por experiência própria, que Drummond é um campeão por esta causa. Vai desafiar, inspirar e equipar você."

Howard Johnston -Architect

www.ingramcontent.com/pod-product-compliance
Lightning Source LLC
Chambersburg PA
CBHW051114050726
47592CB00002B/816